直面
心理治疗
系列

U0511909

成长的路

王学富————著

全国百佳图书出版单位
时代出版传媒股份有限公司
安徽人民出版社

图书在版编目（CIP）数据

成长的路 / 王学富著 . -- 合肥 : 安徽人民出版社 ,2022.5
ISBN 978-7-212-11447-3

Ⅰ . ① 成… Ⅱ . ① 王… Ⅲ . ① 心理辅导 Ⅳ . ① B849.1

中国版本图书馆 CIP 数据核字 (2022) 第 050313 号

成 长 的 路

Chengzhang De Lu

王学富 著

出 版 人：杨迎会 　　　　　责任编辑：张　旻　郑世彦
责任印制：董　亮 　　　　　装帧设计：陈　爽

出版发行：安徽人民出版社 http://www.ahpeople.com

地　　址：合肥市政务文化新区翡翠路 1118 号出版传媒广场八楼

邮　　编：230071

电　　话：0551-63533258　 0551-63533259（传真）

印　　刷：合肥创新印务有限公司

开本：880mm×1240mm　1/32　　印张：7.75　　字数：140 千
版次：2022 年 5 月第 1 版　　2022 年 5 月第 1 次印刷

ISBN 978-7-212-11447-3　　　　　定价：49.80 元

推　荐　序
"感通"直面

其实，我与王学富认识不久。在上海，我们见过几次面，后来我到南京参观过他的直面心理咨询研究所，感受到他的专业品质与踏实做事的精神。春节期间，我到学富在南京的家里跟他聚谈。在他家门前有一个湖，早晨起床，我们绕湖散步，边走边谈，走了一圈，还不尽兴，再走一圈，如是而三。

学富把他的书稿——就是你现在读到的《受伤的人》《成长的路》《医治的心》——寄给我，让我写一个序。他之所以找我写序，不是因为我是复旦大学教授，也不是因为我在心理学界有多高声誉，而是他觉得我颇能与他"感通"。

目前，学富正在跟国内外心理学界的同人一起筹备首届存在主义心理学国际大会。前不久，他给我寄了一些南京直面心理咨询研究所编印的《直面报告》，其中有一些介绍存在主义心理学的文章。我读了之后，在电话里对他说："存在"这个词是西方的，中国人不容易理解，但中国人可以通过"直面"来理解"存在"。我这话一说，学富大为惊叹。

学富十几年前到厦门大学教书，后来到国外学习心理学，十余年潜心于心理咨询实践，不显山，不露水。跟他接触多了，我便知道，他是国内真正懂心理咨询的人，因为他是真正做心理咨询的人，思想层面高，专业经验丰富。我对他说：在中国，人才并不只在高校，民间也大有才俊。学富听了这话，感而叹之：我是一棵树，在原野上才能更充分长大。

我与学富的谈话多集中在心理咨询方面。有一次，学富提到他有时用"何毕"这个笔名写文章，我立刻感到这个笔名中的意味，这应该出自他长期从事心理咨询而对生命发出的一种感慨：生命成长中有许多伤害，有许多人受了伤，会长期待在伤害里，在理性、情感、行为上都受到遮蔽，以至于陷入自迷的状态。学富一声"何必"，其中真是充满了同理。学富听了，十分惊叹，觉得我对他颇能"感通"。而说到"感通",学富又提到,这正是他与朋友在上海合作成立的一个文化传播公司的名字,其中又融汇了来自心理咨询经验的感慨。我说:心理咨询的效果在于咨询师与当事人之间的感通。学富惊叹,说我和他之间又发生了感通。同时,我又提及"感通"与荣格的关系。学富更加惊叹,荣格心理学里有一个词叫 synchronicity,在他看来,译成中文应该就是"感通"。

我读学富写的这几本书,内心有了更多跟他相互感通之处。《受伤的人》一书中提出了一个新的词汇,就叫"受伤的人"。这个词汇有丰富的内涵,拓展了我们对心理咨询的理解:心理症状的根源是伤害,而心理咨询的本质是对伤害的医治。谈到这些,我跟学富有许多共同的感慨,特别是家庭关系模式与生命成长的重大关系。例如,健康的母子关系为孩子的成长提供了最好的资源,而不健康的母子关系,却给孩子成长带来最深的损害。谈到有些母亲出于无意识的"母爱",长期控制孩子,过度保护孩子,学富说了一个词叫"共生体",我深以为然。

再说《成长的路》,其中有许多篇章是谈生命如何在伤害中经历成长。学富在他多年心理咨询实践里发展出一个基本的信念:虽然曾经受伤,依然可以成长。在我们的谈话中,学富谈到他从事心理咨询十余年的两大感慨,其一，生命成长何等不易！一个人在成长过程中要受到许多因素的阻碍、伤害，最可悲的是，最深的伤害和阻碍往往来自最亲的人。其二，成长的渴望何等强烈！虽然一个人在世界上会受到这样、那样的阻碍和伤害，但他内心里有一个强烈的成长渴望，只要有一点机会，有一缕光亮，有一个缝隙，这个渴望就会冒出来，要求当事人坚持成长，长成自己。因此，《成长的路》中充分描述的一个基本情况是：心理障碍是一个人生命受损、成长停滞的状态，而心理咨询全部的工作就是医治生命，助人成长，让一个人有空间、有机会改变，获得更充分的成长，不是追求完美，而是活得完整。"不是完美，而是完整。"——这句话就贴在直面心理咨询中心的墙壁上，我去直面参观时，跟学富在这句话前面伫立良久，内心有感通，却未说出来。

《医治的心》中有许多篇章是谈心理咨询师的成长。在心理咨询领域，人们常引用一句古语：工欲善其事，必先利其器。心理咨询师便是这"工"，心理咨询便是他的"事"，要做好心理咨询，就必须有利"器"，就是有好用的工具。心理咨询师的工具是什么呢？就是他自己的生命本身。心理咨询师的生命成长，便是一个"利其器"的过程。在这本书里，学富提到一个词语——医治者。这个词汇可能来自路云（Henry Nouwen）的《受伤的医治者》，其内涵也是一样的。一个心理咨询师要成为一个真正的医治者，不仅需要专业的训练，还需要有真正的生命品质，而这生命品质中最根本的部分，就是一颗医治的心。而且，本书谈的是在中国文化背景下，成长为一个"医治者"，需要真正了解我们的文化，既看到其中损害的因素，又发现其中医治的资源。非常重要的是，涉及医治，它不只是针对个体的，我们的民族经历了许多灾难，内部积留了许多创伤，这也需要得到医治，而且必须长期而深度地医治。不然的话，那些内部的伤害会成为一个民族不自觉的暗中阻碍，会导致更多的灾难。在这一点上，我跟学富之间有更多的感通。

最后，从这些书里，我充分看到，王学富是从经验里造就出来的，他本身具有医治者的素质，又善于自我分析、自我体验，从而获得了自我觉察。同时，学富有很强的使命感，他善于对心理咨询的经验进行反思与总结，从中提炼出精华的东西，并且有意识地去探索中国本土的心理学资源，发展他所说的"直面分析方法"。在我看来，他的"直面"颇有"存在"的意味，却不等同于西方的"存在"，他的"分析"与荣格有所感通，但也不同于荣格的"分析"。"直面分析"是中国的，其中有鲁迅的思想，有中国文化的智慧，有中国精神的品质，更是在心理咨询室里长期跟中国的求助者进行深入密切的接触经验里建立起来的。有了《受伤的人》《成长的路》《医治的心》，"直面分析"就有了一个丰富的经验基础。我欣喜地看到，心理咨询在中国发展了二三十年之后，我们有了这些具有专业品质的书，它们体现了我们的观念，更反映了我们自己的经验。我们可以跟世界进行平等的交流，讲述我们的中国经验。

我愿意负责任地推荐这几本书：它们可以成为大学心理学专业本科生、研究生必读的书，可以成为心理咨询师要读的书，可以成为中国社会中许多父母要读的书，可以成为每一个寻求自我成长的人要读的书。

学富对我说，他目前正在撰写另一本书，用以全面展示"直面分析心理学"的观念与方法，我也在期待着。

孙时进

教授

复旦大学心理研究中心主任

前　言
直面的经验

　　我的三本书《受伤的人》《成长的路》《医治的心》马上就要出版了。它们反映的皆是直面的经验，而我要写的自序，也不过是"经验"之谈。二十年来，我潜心于心理咨询实践，得到的便是这些经验。一直记得荣格说的一段话："尽你所能去学习你的理论，但当你接触到人活的灵魂的奇迹时，就要把它放下。除了你自己有创造性的个人经验，没有任何理论可以决定一切。"

　　我相信，心理咨询师是从经验里走出来的，他的专业品质是在经验里磨砺出来的。也正是因为有了这些经验，我越来越理解我的求助者，越来越理解我自己，越来越理解那些在心理学中真正有所创导的心理学家们。

我知道我们在做什么，以及我们所做的意味着什么。

人们常常讲到咨询师与当事人的关系，我的感受是：我是被一个个来访者喂养长大的咨询师，又转而去喂养一个个来访者，让他们长大。就在这个过程中，我正在成为自己，同时帮助来访者成为自己。

每个人都在努力成为自己。心理症状反映的实质是人受到伤害和阻碍，以至于不能成为自己，便在成长的路上停了下来，在那里挣扎着。而心理咨询便是咨询师愿意投身于来访者的生命，跟他们一起战斗，帮助他们重新踏上成为自己的路——虽然受伤，依然前行。

我以两个"投身"鼓励自己：投身于服务他人，投身于捍卫自己。而这两个"投身"，也贯彻在我的心理咨询实践之中，我所做的一切，可以说是在帮助我的来访者实现这两个"投身"。在我个人成长的经验里，那些影响着我心灵的伟人，就是通过投身于他人，从而更加充分地实现了自己。

曾经看过一个电影，叫《西线无战事》。看的时候，我的头脑里出现一个意象：我是一个战士，是从心理咨询的前线来的，是从十年枪林弹雨的经验里爬出来的。人们称我为"专家"，我自以为是一个"老兵"。这些年来，我做心理咨询，讲心理咨询，写心理咨询，其最深的激励就是看到许多人经历了医治和成长。

心理咨询来自西方，源于对生命个体的关注，后来发展成为系统的专业。现在，心理咨询在中国已经很普通了。这些年来，我们尝试了解西方心理学，译介、吸收他们的专业资源，并且开始在自己的文化环境从事心理咨询，并把自己的文化资源带入到我们的实践中，渐渐地，我们有了自己的经验。你读到的这几本书，便出自我心理咨询的实践，是我对直面心理学实践经验的总结与反思，每月一篇，持续写了八年。

在这些书里，你能读到这些：它们反映的是中国人的心灵经验及其文化根源；我们在消化西方心理学的同时，坚持探索自己的心理学；我们懂得自己的文化，理解中国人的心理，了解他们心理困难的根源，并且在探索和发现我们文化本身的救治资源方略。这些书中的经验，也是对中国人心灵存在状态的一种直面分析，它们正在形成我们的"直面分析方法"，从本质上来说，是中国式存在主义心理治疗。当我们有了自己的经验，我们就可以用这些经验去跟世界对话了。

最后，这些书之所以能够出版，要感谢的人很多：我首先要感谢我的来访者们，他们愿意把自己生命中最真实而宝贵的经验跟我分享，允许我用文字的形式把它们变成

对其他人成长有益的心灵资源。感谢二十年来跟我一起在
专业实践上不断探索的直面心理研究所的同事们。感谢我
所尊敬的郑红大姐和孙立哲兄长的鼓励与支持，感谢出版
社编辑的辛劳，感谢孙时进教授写的推荐序。

王学富
南京直面心理咨询研究所所长

目 录
CONTENTS

成长的路

成长不容易，成为自己更难。

恐惧与成长

　　这对双胞胎降生的时间到了，他们两个一边哭，一边来到光亮的世界里。当他们发现自己已经出生，第一次睁开眼睛的时候，他们发现自己是在母亲慈爱和温暖的怀抱里。此中的美好绝不是他们原先所能领会的。

　　丁光训讲过一个寓言，其中讲到出生的恐惧。据说，人出生之时有四种基本情感：恐惧、愤怒、爱和恨。也有心理学家认为，出生本身就是一个创伤事件，其中充满了恐惧的体验，叫"出生创伤"，它是生命恐惧的经验原型。此后，个体在成长过程中所经历到的危险情境，都会唤起他对"出生创伤"的恐惧体验。

　　从前有一位母亲怀了一对双胞胎。随着时间的推移，母腹里的胎儿渐渐长大，有了小小的脑袋，有了感觉，后来又有了知觉，发现了他们的环境，并且发现他们是一对，也发现了自我。他们高兴地生活在母腹这环境里，他们说："我们多么幸福，有这样好的一个世界。""我们的妈妈多好，爱我们，把她自己给我们分享。"

几个月之后，他们意识到，他们不能在此久留，他们得离开这个环境。他们害怕，害怕一切都完了，害怕等待他们的是毁灭。一个说："但愿此后生命还能继续。"另一个哭着说："我们完蛋了，你别想入非非。"他觉得人生毫无指望："我们的成胎和成长最后带来的是一死，人生是全然荒唐的，有什么意义可言！"他甚至推论，那看不见的母亲也是没有的，是为了某种需要而想出来的。他们两个害怕，一个是完全悲观失望，等待毁灭；另一个保持着对母亲的信赖，但也不知道出生究竟是怎么一回事。

时间到了，他们两个一边哭，一边来到光亮的世界里。当他们发现自己已经出生，第一次睁开眼睛的时候，他们发现自己是在母亲慈爱和温暖的怀抱里。此中的美好绝不是他们原先所能领会的。

伍德（John Wood）在《我们害怕什么》一书中形象地描述道："我们对这个世界的最初体验很可能是充满恐惧的。我们被迫离开母亲的子宫——一个柔和、温暖、安宁、舒适的环境，被抛入这个世界——一个由刺激的光亮、噪声、寒冷、疼痛构成的噩梦。婴儿出生的时候，因为恐惧而身体紧缩，因为疼痛而面部扭曲、双眼紧闭。也许，我们与母体脱离的第一种情绪反应就是恐惧，第一个反应就是躲避。"

许多心理学家认为，人最初的焦虑来自与母体的脱离。哲学家也说，有生就有死。当人有了存在的自我意识，他就会产生死亡焦虑，而且这死亡焦虑在他的一生之中如影随形，伴随他直到死亡。亚隆说，因为人们对死亡焦虑无所觉察，它暗中采用各种症状的形式表现出来。弗洛伊德和弗洛姆都认为，战胜死亡焦虑的方式是爱与工作。

在前面的寓言里，丁光训表达了这样的意思：人对死亡的恐惧可以在爱中得到消融——"他们发现自己是在母亲慈爱和温暖的怀抱里。此中的美好绝不是他们原先所能领会的"。仿佛记得，曾经有西方心理学家这样理解：伊甸园反映的是人类对母腹的原始记忆，以及从母体脱离的生之创伤。亚当与夏娃被逐出伊甸园，象征着人类从母腹出生，进入一个新的环境——世界。从此之后，人再也不可能回归他的母体——那里有基路伯执剑守护。他必须适应新的环境，应对其中的各种艰难和危险因素，学习正确的选择，成为自主的新人，这个过程叫成长。

我们该怎样来描述这个世界呢？我们害怕到这里来，但在这里住了一阵子之后，就产生了依恋的情感，又变得害怕离开这里。来非我所愿，走又无可奈何；从来到走，其间的整个过程又充满各样的担忧。恐惧感在我们出生时，它与生俱来；在我们生活中，它如影随形；当我们死去后，它如烟而逝。它与我们的关联如此神秘，以致我们要理解自己，就必须理解恐惧，这是我们一生的根本难题。

从生到死，我们要经历各种各样的恐惧。安格尔（James Angell）在《处理我们的恐惧》一书中这样陈述："我们生活在各种恐惧之中。我们害怕被抛弃，害怕失败，害怕痛苦，害怕死亡。我们害怕上帝是虚构的，害怕生活不过是一场闹剧。我们害怕陌生的环境，害怕怀孕，害怕变老，害怕陷入无助，害怕遭到抢劫，害怕受伤害，害怕看到别人受伤害，害怕破产，害怕股市暴跌，害怕不被人爱，害怕爱别人太多，害怕受人关注，害怕被人冷落，害怕陌生人，害怕电梯，害怕犯错误，害怕街头地痞，害怕老鼠，害怕地震，害怕血，害怕有人上门讨债。"我们害怕的远远不止这些。

十年来从事心理咨询，我跟为数不少的来访者做过深层的面谈。面谈范围广且深，涉及问题多且繁，但在不同的问题背后，我总会发现那里隐藏着一个共同的根源，就是恐惧或不安全感。恐惧并不总是一样的。我们意识到某种威胁的临近时，会感到害怕；我们想到未来可能会发生不好的事情时，会感到担忧；我们看不到有什么危险，内心里却感到惶惶不安，其中混杂着紧张、担心、焦急等，这时我们处于焦虑之中。所有这些与恐惧相关的情绪，不仅来自于环境的影响，经验的作用，还源自一种深植人性的不安全感。当我们内心里累积了过度的不安全感，而且又不被我们所觉察时，它就成了心理障碍的内在动因。

恐惧是面临或预测到危险或威胁的应激情绪，这种情绪往往会激发出三种基本的反应模式：逃跑、躲藏、攻击。不管是人还是动物，其机体内都存在着一种先天的或本能的恐惧，而这种恐惧具有求生的意义。格雷（Jeffrey Gray）在《恐惧与应激心理学》一书中对恐惧与应激的研究成果有很好的阐述。简单说来，某一种动物天然地存在着对另一种动物的恐惧，这种本能恐惧使它对其掠食者能够提前警觉，迅速识别，及时逃避，求得生存。实验显示，水鸟对鹰具有本能的恐惧和先天的敏感。实验者用纸张制作成具有不同相似等级的鹰的形状，让它们从一片水域的上空掠过，测验水鸟不同等级的应激反应。结果显示，纸鹰的形状越是趋向逼真，水鸟的恐惧反应越是剧烈。

就像动物因本能恐惧而对威胁对象做出应激反应一

样，人类在生活中也常常靠着本能的恐惧避开生活中的危险，求得生存的安全保障。因此，我们可以说，在我们的生活中有合理的恐惧，也有合理的逃避。但是，当一个人的恐惧变得过度，甚至变得虚幻，他就意识不到自己到底在害怕什么，只是不顾一切地奔逃，甚至不清楚自己到底要逃到什么地方去。我们的成语中有"惊慌失措""慌不择路"等，讲的就是人在过度恐惧的刺激下做出的反应，这时，他的行动与他的目的是背道而驰的，他的意图是求生，他的行动却像求死一样。这正是许多类型的心理症状的本质。

像动物一样，人有本能的恐惧与相应的逃避反应；但与动物不同的是，人类的文化可能把过多的恐惧传输到人的内心。因此，人不仅有先天的恐惧，有与生俱来的恐惧，还有文化传输的恐惧。一个人，自出生之日起，就开始与他周围的各样文化因素发生互动，这种互动持续他的整个成长过程。首先，那种深植人性的不安全感在婴幼儿的感知体验中相当活跃，甚至到了青少年时期，还会相当程度地持续存在。例如，他会害怕失掉亲人，害怕被抛弃，害怕陌生的环境。他内心里有一个强烈的愿望，就是躲到一个安全的地方。受到来自现实的威胁时，他甚至可以借助幻想，想象一个安全的世界或一个强大的保护者。

在他的成长过程中，也就是跟文化因素发生互动的过程中，这种与生俱来的不安全感，可能受到消减。例如，一个孩子从他的家庭环境里得到足够的关爱、信任、支持，他开始去拓展自己的经验，就不会受到潜意识的不安全感的控制。但是，文化因素也可能刺激那种本来就有的不安全感，使之受到强化，变成过度的、无意识的、症状性的恐惧。例如，一个人在幼年时期遭遇严重的剥夺，遭受抛弃，受到过多的威吓，有许多强迫的体验，这些体验就会变成恐惧，沉积到他的潜意识中去，在那里形成一个隐藏的恐惧源，伴随他进入此后的人生阶段。如果受到某些现实因素的刺激或诱发，这种恐惧源会从他的生命深处走出来，变成一种强大而有力的症状。

马斯洛提出人的五种基本需求，在我看来，安全需求是这五种基本需求中最为基本的需求。心理治疗和精神治疗的临床经验发现，某些类型的神经症和精神病患者身上存在着一种儿童式的不安全感，他们会把心理上受到威胁的感觉泛化或投射到周遭的环境中去，相信自己生活在一个充满敌意和威胁的世界里，他们内心充满焦虑，行为表现就好像随时有大难临头。他们也可能像小孩一样，幻想一个能够保护自己的强有力的人物，或者他们把自己夸大成拥有至高权力或无上智慧的人，借此获得虚幻的安全感。

马斯洛把某些类型的神经病患者描述为"保留着童年时代世界观的成年人"，他们的"一举一动都仿佛是真的害怕要被打屁股，或者怕惹母亲不高兴，或者怕被父母抛弃，或者怕被夺走食物"。而且，他们虽然长大成人，接受教育，但这种"孩子气的惧怕心理"却不受触动地保留在那里，"现在又随时可以被一些会让儿童感到担惊受怕、威胁重重的刺激因素诱导出来"。

一个生命的出生，关涉两个基本情况：一是与温暖而安全的母体分离，这可能是人生不安全感的源头；一是进入一个陌生而恐怖的环境，要去面对此后人生阶段的各种恐惧。从这里，人开始了成长，带着与生俱来的不安全感，探索陌生的环境，向前推进。这个成长的过程，就像是在不断拓展生命的土地，让陌生的变成熟悉的，让曾经可怕的变得不再那么可怕。

成长是一场谨慎的冒险，每朝前迈出一步，都想在确保安全的情况下进行。马斯洛谈到寻求安全与自我成长的关系时，描述了这样一个意象：一个幼儿从母亲的膝头溜下来，开始探索家里每一个房间，但他探险的前提是，他必须有一个安全保障：母亲在那里。如果母亲突然间不见了，他会陷入焦虑，对探索世界不再有兴趣，只求回到安全范围里来。甚至他会丧失能力，不敢走着回来，而是爬着回来。

　　成长是一种尝试，因为受到保护和支持，才得以有效进行。生命成长最初的支持者是母亲。一个婴儿，因为对母体有亲身的体验，内心里对母亲有一种天然的依恋，这种依恋会激发他成长的渴望，鼓励他成长的尝试。因此，在母亲的陪伴与鼓励下，他开始用感官接触和探索周遭的环境。

　　为了安全，他很早就能辨识母亲的面孔，熟悉她的声音和气息。母亲不在的时候，他会哭叫，不断哭叫，一定要把她唤回来，让她跟自己在一起。他渐渐发现，在他需要的时候，母亲总会出现，他对母亲有了基本的信任，对自己也有了一些自信，因此他允许母亲暂时离开自己一会儿，而自己可以安静地待着。这种举动里也透露出一份自信，意思是说，"不要紧，你不在的时候，我也可以应对"。

　　他睡觉的时间变得短一些了，开始把注意力转向环境，他会用眼光跟踪移动的物体，用手去摸抓，用牙齿去咬，他在探索，想知道它们是什么，有什么用，跟自己有什么关系。他渐渐熟悉了更多一些的陌生事物，越来越感到安全。他变成了幼儿。从爬行到走路，是一个飞跃性的尝试，那是在父母的帮助下他获得的一次重大胜利。为了达到这个目的，他借助周围的物体已经试过许多次了，但他依然不敢独立行走。父母把他放在一个有依凭的地方，跟他拉开一个距离，向他拍手和招手，鼓励他向他们移动，用自己的双腿和双脚独立完成这个冒险之旅。他做到了！

此后，因为有了这个能力，他的世界开始变得开阔起来。如果有母亲的支持，他会去进行一场新的冒险——目的地是他家门前的那片神秘、可怕但又充满吸引力的小树林。有那么一些时日，他望着那个小树林，脑子里一次又一次地闪现前去探险的念头，但是他害怕，一次一次又暗自放弃了，可他心有不甘。

这一天，这个念头又出现了，在脑子里逗留了好一阵。他终于决定实施他的冒险计划。他在母亲的膝头坐了好一会儿，好像要给自己把油加得足足的。然后，他从母亲的膝头溜了下来，独自朝小树林走去，这时，他头脑里大概有这样的想法："我一定能行。"但是，当他接近小树林的时候，脑子里那个"我一定能行"变得有些单薄了。他转回头去看母亲，母亲还在那里。他又转头看树林，树林离他不远。他害怕，真的害怕，就管不住自己的脚了——不是他要回来，而是他的脚带着他跑了回来。

他重新坐在母亲的膝头，发现母亲没有嘲笑他，反而用欣赏的眼光看他，还对他说鼓励的话。他坐在母亲的膝头，等那个"我一定能行"充足了电，在他的脑子重新出现，坚定地出现。这一次，他很快就走到了小树林边。又一次回头看母亲，母亲坐在那里，望着他，向他挥挥手。这一次，他走进了这个小树林，并且在里面逗留了一会儿。虽然有一些恐惧，但也有一种无法说明白的兴奋和满足。然后，他带回一片树叶、一朵小花、一只蘑菇，走出小树林，向母亲走去，俨然是一个凯旋的战士。

在接下来的日子里，他对小树林进行了几次探险。几次回头看母亲，几次走进小树林。终于，那片陌生的小树林变成了熟悉的小树林，他不再害怕它，渐渐喜欢上了它。甚至，在家里来了客人的时候，他还邀请小伙伴们到那小树林里去，而且，他一定是走在最前面的那一个。

接着，他离开家出去读书了。有一天，他坐在教室里，眼里突然掉下泪来，因为他被内心里一个可怕的念头吓坏了。于是，他从教室里跑出来，一定要赶回家去确认一个对他很重要的事实——母亲没有死。

后来，他离开家乡到很远的地方去读书了。开始的时候，他有些害怕，因为那个遥远的地方像是一片更大更深的树林，陌生而神秘，阴郁而可怕。但他决定到那里去，然后就走进了那片大树林。母亲在遥远的家乡，他相信她在那里望着他，他听到祈祷的声音随故乡的风而来。

再后来，他开始工作，经历了许多陌生的地方，他熟悉的世界，也变得越来越大了，他生命的土地越来越开阔，而且总有阳光灿烂的日子。他终于意识到，把陌生的变为熟悉的，把恐惧的变为安全的，是人生成长的路。

再到后来，他回头望去，那些曾经爱他和支持他的人渐渐不在了，外婆早不在了，爷爷也走了，父亲又不在了，母亲越来越老了，而他还要走下去，走到人生旅途的目的地——把整个陌生的世界变成自己熟悉的家。

"我不要长大！"

　　结婚，在表面上呈现的是喜庆，暗中却给当事人造成隐而不察的焦虑。结婚意味着，当事人要离开这个城市，离开自己的父母，到另一个城市，跟在那里工作的一个外国人生活在一起。从小到大，她一直依赖父母，没有在心理和能力上做好结婚的准备。

　　在直面疗法看来，人性有两个基本倾向：一是逃避，二是直面。逃避的动机源自本能的欲求，它让人追求舒适和依赖，从而逃避成长。直面的动力则来自成长的渴望，它使人坚持去经历人生的艰难与痛苦，从而长成自己。因此，生命内部总有两个声音在进行辩论，一个说：我不要长大！另一个说：我要成为自己！我们或许可以这样说，人的一生就是这两个声音此消彼长的过程及其显示出来的结果。

心理成长与养育方式密切相关。大体说来，好的教育有一个基本特征：充分了解孩子内心有成长的渴望，鼓励和辅助孩子做出成长性的努力。不好的教育反映出来的基本特征则是：过于满足孩子内心逃避的欲求，压抑和阻碍孩子成长的渴望和行为。在直面治疗的经验里，许多类型的心理障碍反映的是这样一个基本情况：在孩子内心里有"我不要长大"，在父母的潜意识里有"不让孩子长大"的意愿，二者用各种形式联合起来，对孩子的生命成长造成了巨大阻力。

有一个年轻的女子前来寻求心理咨询，因为她出现了久治不愈的"耳鸣"。探索发现，"耳鸣"与当事人逃避成长的倾向相关。在当事人内心里，有一个很强大的声音："我不要长大！"虽然她在生命的其他层面不可避免地长大了，但在情绪上，在心理上，她一直是一个没有长大的小女孩。

了解她的成长经历与家庭关系，发现她的父母乐得女儿不要长大，很享受有这样一个小鸟依人的小宝贝儿，不管遇到什么事儿，都来问爸爸妈妈，按爸妈所讲的去做，真是乖巧、懂事、天真、可爱极了。

女儿高中毕业，考上了大学，填写志愿时，双方都主张上本市的大学，不离开这个城市。到别的城市去读大学，父母不放心，她也不情愿。进了大学，她跟几个同学合住一间宿舍，这里有许多东西让她很不舒服，以致饭吃不香，觉睡不着，觉得到处都很吵，心里烦闷不堪，导致了躯体化的症状：耳鸣。因此，她向学校申请，搬回家去住，立刻吃饭也香，睡觉也香，耳鸣消失。就这样，整个大学四年，当事人一心只顾学好功课，生活大多是跟父母在一起。偶尔也跟同学接触一下，别人讲话，她听不大懂，插不上话。偶尔插一两句话，别人对她说："你是小孩子，不懂。"

　　大学毕业，她找到一份很好的工作。但过了一段时间，苦恼来了，发现单位里有许多事情让她很烦，而且，"耳鸣"又回来了。当事人到医院对身体进行检查，排除了器质性的因素。而在心理咨询过程中，却发现一些与"耳鸣"相关联的心理因素，这源自当事人所处的现实环境、成长经验、观念系统以及她的潜意识。她的现实处境是在单位遇到一位同事的竞争，两个人每天都在办公室里相处，让她感到很不愉快。再有，她的工作包括要去处理一些零碎事情，她很不情愿，因为她只想做单纯的、有价值的事情。

　　"耳鸣"的背后，还有观念系统的根源：当事人在一个相对单纯的环境中长大，很少与人交往，缺乏成长的经验。从课本上学到的知识和从父母那里接受的一套观念系统，是她生活的主要支持资源。从小到大，她一直使用这套父母灌输的观念，以为它可以给自己提供绝对保障，当这套系统在现实生活中受到威胁时，她就变得烦躁不安。

这套观念系统包括"近朱者赤，近墨者黑""人往高处走，水往低处流""万般皆下品，唯有读书高"，等等。这本身并不成问题，关键在于解释。在当事人那里，这些观念里被赋予了一种等级的内涵，并被奉为真理或绝对法则。在这套金科玉律的保护下，我们看到一个缺乏成长经验的小女孩。她用一双天真的眼睛看人看世界，与人交往看身份，判断事物看表面，好看的就是好的，不好看的就是坏的。处世为人，严格遵守一套"应该"的标准，跟人谈话什么都讲出来，认为这才是真诚、坦率。当这些法则在生活中不能保证她的安全时，当事人就变得焦虑起来。

到了该谈恋爱的年龄，当事人开始谈恋爱。因为喜欢异国情调，她跟一个外国人建立了恋爱关系，很享受跟男朋友在一起时，所到之处受人关注的特殊感。但她是用一个小女孩的心在谈恋爱，她跟男朋友撒娇，让男朋友觉得她可爱得像小孩子，时而抱过来亲吻一下。如果她生气了，就要男朋友逗她开心，跟男朋友约定生气不能超过10分钟。她跟男朋友交往，坚决"守身如玉"，绝不允许男朋友碰她。

原因是这跟她的道德观不符，还有一个深层的原因，就是她还是一个小女孩，没有长大。

面谈中问及她对男朋友的看法，她列举了这样一些方面：他晚上不洗澡，早晨洗澡；他小便后洗手没有用肥皂；有一次他洗碗还用洗碗布擦了一下嘴；他晚上有时候不刷牙；他有一些大男子主义，但我爸就没有……基本上说，这是一个小女孩眼中的男朋友。

伴随着一件即将发生的事情——她要结婚了，潜意识把焦虑也暗暗送给了当事人。结婚在表面上向当事人呈现的是喜庆，暗中却携带一些因素，给当事人造成了隐而不察的焦虑。首先，结婚意味着当事人要离开这个城市，离开自己的父母到另一个城市，跟在那里工作的一个外国人生活在一起。甚至在将来，她可能要离开这个国家，到另一个国家去。这在她的内心造成冲突：生活中，她高兴地筹划婚礼，但在潜意识里，她预期到一种分离的焦虑，却对此毫无觉察。

其次，结婚意味着她要过独立的生活，操持家务。但从小到大，她一直依赖父母，没有在心理和能力上做好结婚的准备。例如，如果结婚之后让对方做家务，对她来说是一件"太丢脸"的事。在这个方面，妈妈的榜样给她的压力很大。

再次，结婚意味着当事人要放弃现有的工作，到另一个城市重新找工作，这让她颇有担忧。如果没有工作，让对方养着，会让她觉得自己"太没出息"。

最后，当事人最根本的焦虑是关系的焦虑，结婚意味着，她跟父母的依赖关系就要中断，在新的关系里，她必须长大，必须独立起来。但问题在于，她不想长大，不想独立。如果可能的话，她想跟对方建立一种新的依赖关系，以便在失掉旧的依赖之后，能够获得新的依赖，但对此她又一点没有把握。还有一种选择，就是努力去建立一种新型的关系，既保持独立，又有紧密的联结，但对这种关系，她既无经验，也不情愿。

所有这些因素，当事人既意识不到，也无从处理，它们就在她的内心里变成了焦虑，又通过潜意识的转化，成了持续不断又久治不愈的"耳鸣"——原来，"耳鸣"是成长之烦的替代品。从小到大，当事人遭遇生活环境的困难时，总试图找到一种方式回避现实中的痛苦，结果，她为自己找到了一种替代性受苦——"耳鸣"。"耳鸣"是逃避成长的象征，它反映当事人的心声："我不要长大！"然而，来自直面疗法的声音却在反复提醒当事人："你必须长大！"

888

为了成为自己

但在我眼里，这样一个高大而略显笨重的家伙，内心里却是一个小孩子，他的这些行为正是他内心小孩的恶作剧——故意说一些耸人听闻的话，做一些匪夷所思的事，目的是想引起他人的关注，而这恰恰是一种不适当的自我表现，表明当事人不了解自己，也无法成为自己，只能在惶惑与混乱之中胡乱折腾着……

成长不容易，成为自己更难。如果以成长的眼光看症状，可以看到这样的情形：一个人在成长过程中受到严重的损害，以至于他后来一直待在伤害里，不能在生活中成为自己；因为不能成为自己，他在痛苦与惶惑中胡乱折腾着，终于成了"病人"。可以说，"病"是一个人因为不能成为自己而痛苦挣扎的状态。

当事人是一位大学生。在面谈过程中，他一开始向我显示的便是一种"折腾"或"挣扎"，让我觉得他"病得厉害"。第一次来跟我谈话，他迟到了 40 分钟，我跟他谈了 20 分钟就结束了面谈。这样做，一是因为下面还有其他约谈，二是为了让他为自己的迟到付出代价，从而学到一点责任。当然这本身也是冒险，20 分钟的谈话不足以让我了解他的基本情况，也难以跟他建立关系。他第二次再来，显得有些勉强，说本来不想来了，最后还是来了。而且谈话大多是在表面上进行，关系也停留在表面，我是我，他是他，我们之间没有真正的互动。

眼前的这位当事人，外面的身份是一个大学生，内部的自我却是一个小孩子。整个谈话过程中，他过于关注内心出现的任何想法或念头，并且袒露无遗地把它们全讲出来，包括一些极其邪恶的犯罪念头。我了解到，他在生活中也是这样表现，因此同学害怕他，老师对他担心，家人害怕他，大家都避开他，他感到孤独。

第二次面谈结束之后，他对我说："王老师，我想对你施暴。"然后喃喃自语："我怎么会有这样的想法呢？这太邪恶了……"接下来，他头脑里又出现了更可怕的想法，他也讲了出来："王老师，如果你同意的话，我可以杀死你……"我又了解到，他曾经去医院，也对医生这样说话，医生不敢收他，安慰他几句，开一些药，把他打发掉了事。他也曾寻求过心理咨询，把咨询师吓得不轻，总是谈一两次话就结束了。

他的表现很容易让咨询师对他做出这样的病理性诊断：他不仅存在心理障碍，并且他的心理障碍还在朝人格障碍转化，甚至存在某种边缘性的问题。如果没有得到有效的干预，他对周围的人会越来越构成潜在的威胁。他容易受到内心念头的控制，情绪和行为上具有相当程度的易激惹性、表演性、强迫性，如果受到某种刺激，很可能激发极端的行为反应。但在我眼里，这样一个高大而略显笨重的家伙，内心里却是一个小孩子，他的这些行为正是他内心小孩的恶作剧——故意说一些耸人听闻的话，做一些匪夷所思的事，目的是想引起他人的关注，而这恰恰是一种不适当的自我表现，表明当事人不了解自己，也无法成为自己，只能在惶惑与混乱之中胡乱折腾着，折腾得泥浆四溅，让周围的人不胜惊悚，纷纷离他而去。而我对他的言行采取冷处理的方式，不予理睬，目的是消解这种恶作剧背后的心理动机。

当事人还会来跟我做第三次谈话，使我暗自感到有些惊讶。在这次面谈中，当事人开始向我讲述他的生活，随着他的讲述和我的回应，情况开始发生转变，话题在朝深处移动，关系暗中建立，有些什么被发现了，有些什么被触动了，破裂的地方在寻求联结，真实的东西在涌现出来。我的内心有许多感慨。人们常说：一个人不能选择自己的出生，但可以选择自己的生活。这话没错，但问题在于，人们说这话时总是太轻率。我看到，当事人的家庭环境给他的成长造成了太多的损害，以至于他无法选择过怎样的生活和成为怎样的自己，长期陷入混乱与挣扎之中。

当事人出生不久，就被父母送到外婆家，而外公外婆跟他父母的关系也有许多问题，在外婆家，他成了一个没人管的孩子。后来，我在面谈室里见到当事人的母亲，讲到儿子，她止不住自己的眼泪："从小到大，他都是一个人，一个人走来走去，好像跟谁都没有关系一样。"甚至，他根本就是一个不该出生的人，一个多余的人，一个父母双方都不想要的人。

母亲跟父亲结婚之前，遭遇过一场伤害很深的恋爱，带着未愈的伤害和抑郁的情绪，进入跟父亲的婚姻。从怀孕到生下他，母亲一直待在往日的伤害里，只顾自己的抑郁，顾不上孩子。父亲心里一直有疙瘩，头脑里断不了这个念头：这个孩子不是他的，因此，他对孩子一直很排斥。这两个把当事人带到世界上来的人，各自用自己的"病"

迎接他、影响他，母亲用她的抑郁症，父亲用他的强迫症。父母经常争吵，把他撇在一旁。很快，他被送到外婆家。

回想起来，他在外婆家生活十几年，就像被关在一个黑屋子里。他小心翼翼，压抑自己，很少说话，生怕惹外公外婆生气，一直潜伏在内心里，在那里培植着各种可怕的念头。但在外婆家所受的一切苦，对他来说都是可以忍受的，因为在这苦的背后有一个"理由"——这不是我的家。他心里相信，等回到自己的家，一切都会好的。

在读初中的时候，他回到了自己的家。这时母亲下岗了，情绪也变得更加抑郁，对孩子回来无所用心。父亲依然脾气暴躁，当着他的面训斥母亲，在家里想怎样就怎样，全无顾忌。当事人想让父母停止争吵，在两人之间说劝导的话，但遭到他们一致的训斥："闭嘴，这里没你的事！"后来，这个家里就渐渐没有了他的声音，他什么都不说了，只是拼命学习。

他的成绩很好，能听懂老师讲的知识，但缺乏生活经验，听不明白同伴说的话。他可以做作业，但不能跟同伴相处；他能理解很难的数学题，但不能对同学做出恰当的应对。每次要去上学，他都向父母问一些很天真的问题，类似于如果同学这样说，我该怎样办？父母总是交代他几句，他这才放心背着书包出门。但每次回家，又把跟同学交往的各样惶惑带回来了。

到了高中，当事人崩溃了，他的心理出现了状况，做作业之前必须完成一套强迫仪式：先向左边走几步，再向右边走几步，如是反复多次，或者，他嘴里不断重复念几个英语单词，然后才能让自己安定下来做作业。有时候遇到难题，他口中也会念念有词，对难题做拟人化的对白："我还怕了你不成？我怎么可能战胜不了你？"有时候他会找到其他解决之道：每做一道题，吃一块巧克力。有一天，他在电视上看到一个精神病患者坐在椅子上，他对妈妈说，那个精神病患者就是他自己。

又有一段时间，他出现了耳鸣，还总听到楼下有铁球撞击发出"当当当"的声音……

但在所有这些"异常"的背后，我看到了他内心里对关爱的渴求。因为曾经受伤，因为他的需要长期遭到忽略和剥夺，他的内心有了一个很大的空缺，那个空缺无时无刻不在要求补偿，但又因为时过境迁，不管现实中怎样的补偿都不能让他感到满足，又因为得不到满足，他在生活中胡乱折腾着。当事人对母亲说："我头晕，带我去医院，我不正常，把我送到精神病院算了。就当你有一个精神病的儿子，不要对我有什么指望了。"

也就是在高中时期，当孩子出了问题，母亲从自己的抑郁症里醒过来了。在过去的十几年里，她生活在焦虑和抑郁里。现在，看到"病"正在掳掠自己的孩子，她立刻甩开了自己的"病"，奋不顾身要挽救孩子，愿意用自己生命的全部去爱他。

她后悔："孩子长这么大，我从来都没有在他面前高兴过一次。"高考考完之后，母亲第一次看到孩子笑了一下，说："妈，我跟同学打游戏去了。"母亲说："好的，好的。"孩子一出门，她的眼泪就像决堤的河流。

孩子从小到大，他母亲从来没有对孩子笑过，也从来没有看见孩子笑过。

十几年里，她一直用焦虑和抑郁影响着孩子的性格，这简直是覆盖性的影响，但现在她清醒过来了，要用全部的爱去覆盖她的孩子。但孩子在外面玩了三四天，回来后，又变得烦躁不安，不停地说："烦！""烦死了！"他问母亲："你爱我吗？"母亲回答："我心里是爱你的，因为你是妈妈生下来的。"但他后来一直抱怨："我现在的一切都是小时候你不爱我造成的。"母亲愧疚，又不堪孩子总是责怪她："不要再说了，不要生活在过去的阴影里。现在后悔以前，七八年后又会后悔现在。"父亲呵斥他："小时候我更苦，我爸老早就死了，你这点苦算什么？"父亲也责怪母亲："他小的时候，你是怎么带的？这个孩子我不要了……"

因为他能够吸收知识，便考上了大学，进入这个同龄人的群体和环境。但因为长期躲在内心里，缺乏生活的经验，他没有长大，就一直做小孩子，在成人世界里不断经历各样的"错位"，遭受许多的"挫伤"，越来越陷入混乱与挣扎之中。

在大学里，他给母亲发信息："我精神失常了，自制力严重降低，没有人能救我了""妈妈，我现在就在楼上，几次想从这里跳下来""我现在很可怜呀，有各种的症状缠绕着我"。有时候，他一个钟头一个钟头地给母亲打电话抱怨，说到了南京之后，女朋友没谈半个，学习也没弄好。母亲开导他，他心里烦，就在电话里吵，最后对母亲说"去死吧"，就挂了电话。到了半夜两点又打电话来，说"对不起"。母亲说："儿子，你快睡觉。"

在他心里，妈妈太无能，爸爸很强势，他恨妈妈，怕爸爸，在父亲面前表现很乖，像一只羊，到了母亲面前，他变得毫不顾忌，像一头狼。有一天，他在家里走来走去，暴躁不安。突然冲进自己的房间，把房门猛地甩上；突然又从里面冲出来，冲到母亲的房间，大声喊："告诉我，活着的理由是什么？"然后又推搡母亲，说："你去跳楼，我跟着跳下去。"又说："你有病，我也有病。""我是疯子""我不正常"。然后他一股脑儿躺在地上，说承受不了头脑里的种种念头。

他的这些话，这些表现，在我看来，就是一个人不能成为自己的呐喊和挣扎，其中充满了不能成为自己的恐惧、绝望，以及放弃而又不甘的矛盾。小时候，他胆小，很少跟人接触，脑子里有许多恐惧和杂乱的念头，他习惯于把它们压抑下去，不讲出来。现在，他天天都在关注自己脑子里的念头或想法，把生活放在一边，让成长停顿下来。过去，对脑子里出现的想法，他从来不敢讲；现在，不管那里出现了什么，他都逼着自己讲出来，哪怕会遭到别人的歧视，也逼着自己说出来。

有一天，他看到书上说的一句话："爱一个人，是一个人成长的开始。"自此，他开始逼自己去爱一个女孩，胁迫她跟自己开房间，跟她一夜缠绵。第二天，他把全部过程都跟爸爸讲了。问他为什么要逼自己跟爸爸讲这些，他说："我怕爸爸说我跟他不贴心。"可见，这行为背后的驱动依然是恐惧。他说："我的脑子都被我爸占据了，我会不自觉地往他那里靠。"

在生活中，因为不能确认自己，他很容易强迫自己往周围的人那里靠。

汶川大地震发生的时候，电视中不断播放救灾场面，我看了一点都不想哭，但听同学说，看到这还不哭，就是人渣。我便强迫自己哭。我还积极参加募捐活动，让妈妈也来参加，大家集合的时候，我还过去抱着妈妈哭，现场所有的人都感动了，但那是我装出来的。我担心自己会走到社会的对立面，就逼自己读励志的书，读友情的书，边读边拼命逼自己哭。过去，我有自己的想法，说出来，别人说这很自私。我就掩饰自己，戴上面具，不敢说自己的想法，甚至不敢有自己的想法，怕被别人讨厌。现在我变得什么都说，因为害怕美化自己，干脆把自己说得坏一点，但同学还是讨厌我。

伴随当事人的自我讲述，我知道他在试图理解自己。我看到的是一个最基本的事实，当事人从小到大，一直都在违背自己。而直面分析的治疗，其最根本的目标，就是帮助他找到自己，成为自己。

咨询师：以前，你拼命压抑自己，什么也不说出来，那不是你自己；现在，你勉强自己说，什么都说出来，这也不是你自己。

当事人：那么，怎样才是我自己呢？

咨询师：你正在寻找你自己。我渐渐相信，你会找到自己。我对你也越来越有信心了。

当事人：王老师，为什么你会对我有信心？

咨询师：因为我看到你越来越像你自己了。

接下来，在我们之间出现了一段沉默。然后……

当事人：王老师，我想拥抱一下你。

咨询师：可以。

面谈结束之前，我们站起身来，有一次拥抱。而这是在我的面谈室里从来没有发生过的。

当事人并不知道，在他经历"为了成为自己"的混乱与挣扎的过程中，我伴随着他，也在经历"为了成为更好的医治者"做各样艰难的努力，想走到他的内心深处，了解那里曾经发生过什么，后来留下了什么，对他做出适当的回应，赢得他的信任，在他不知不觉之间随时提升他，让他对自己渐渐有一些信心，然后在关系里跟我合作，从问题中探索一条路，让自己走出来。当他内在的伤害渐渐得到医治，医治者的心也像他一样感到欣慰与喜庆。因为，这是值得的。

存在的谈话

20年过去了，我发现自己在这里原地踏步。我反复想，为什么，20年来，一晃而过？为什么，我在原地踏步？一切都没有变，只是时间变了，只是我的年龄变了。我一下子就从20岁到了40岁，而我的心智还停留在20岁，我在内心里只接受自己是20岁……

有一个朋友来跟我谈话，谈话后我感触尤深，意识到这是一场颇有存在意味的谈话。

我跟她认识几年，直到经历了这场谈话，才可以说我认识她。对我们两个来说，这场谈话是一场深度相遇。几年来，我们在生活的场景中相识，却没有在"存在"的层面上相遇。

谈话一开始，她直接问我："你怎样看我？"我说："你很好呀，人长得漂亮，气质优雅，受过良好的教育，有好的工作，又有好的家庭，是一个能体谅人的人，能够敏感地体会到别人的需要，总愿意前去提供帮助……"这些，认识她的人都能看到，认识她的人都会这样对她说。她是这样一个好人。

但是，她来跟我谈话，并不是要听到这些。这些话是真诚的，却也是表面的。她想跟我谈一些更深的东西，想为自己建立一个更为根本的存在基础，而不是让自己继续活在表面的条件上面。她在生活中尝试讲给周围的人，但别人不大明白她在说什么。人们对她说："你挺好呀，看你多好呀。"她跟丈夫谈，丈夫也听不大懂，说："看，我们多好呀。"但是，对她来说，总有什么地方不大对，总有什么东西不像说得那样好。所以，犹豫很久之后，她决定冒险来跟我谈谈，看看我是不是能理解她说的话。

好多年来，有许多问题都纠结在内心里，没有一个渠道把它们疏理出来。许多人都认为我很好，说这些都很正常呀，生活就是这样的。于是，我的生活就这样进行着，按部就班，也说不出什么不好来。于是，我让自己接受，生活就是这样的，我暗自把那些纠结的东西"忽略掉"，以为感觉不到它们的存在就好了。但有时候，它们会冒出来，显得特别清晰。我想跟人表露，但没有机会，而这种东西，不会时间长了就没有了，它们一直存在，在某个地方，随时可能冒出来，冷冷地、尖锐地站在我面前。我把它们压下去，藏起来，它们就在我内部变成了一种情绪的东西，变成了一种像症状一样的东西，并且蔓延到我的性格里，蔓延到我跟孩子、跟家人、跟同事的关系里。但我把它们说出来，说给人听，人们的反应让我觉得你是在"无中生有"。

我开始责怪自己：我生活得好好的，"应该"没有这些问题，怎么会变成这样呢？于是，我继续不管不顾，就那样生活下去，努力让自己像所有的人一样。但我又总在想，应该有一种互动，应该有一种回应，应该有这样一个途径，把内心里的想法表露出来，任何人都应该有这样一个途径，不只是我。但周围的人似乎不需要这样一个途径，我一讲，他们就说，你很好呀，我们都很好呀。我又回头想，是不是我要求太高？是不是我做得不好？是不是我想得太多？

我的婚姻，没有给我这样一个渠道，反而让我有压力。在我的内心之中，我会有一点怀疑，难道是我选择错了？因为在我们的关系里，没有这种交流。我的工作，在所有人眼中都是好的，因为它给我带来很好的收入。但是，这工作却让我对自己越来越没有信心，是我错了，还是工作错了？

成长的路

　　20年前，我是一个大学生，进入这个单位。20年前的大学生含金量是很高的，我有很强的心愿，就是要做出一些成绩来。但20年过去了，我发现自己在这里原地踏步。我反复想，为什么20年一晃而过？为什么我在原地踏步？一切都没有变，只是时间变了，只是我的年龄变了。我一下子就从20岁到了40岁，而我的心智还停留在20岁，我在内心里只接受自己是20岁。但那天我走到街上，第一次听到一个20岁的女孩叫我"阿姨"，我惊呆了，站在那里，原来我变成了"阿姨"！

　　在40岁的时候，我回头看自己的生活，我给我的生活下了一个定义：我的生活是由一堆问题堆积起来的。在人们看到的许多"好"的背后，我看到了成堆的问题，这些问题是长期以来我为了"好"而付出的代价。我从小就是这样，顺从别人"好"的要求，压抑自己"真"的需求。我没有机会说，就一直在那里想。我现在还在想，我40岁了，还算年轻，如果到了50岁，到了60岁，到了70岁，我还带着这些问题，那会是怎样的光景呢？在我的周围，我看到许多人，他们50岁了，60岁了，70岁了，还是那个样子。而我也会变成那个样子吗？如果一生走过来，没有机会把自身的能量释放出来，不能成为自己，内部那些好的东西一直长不出来，就会在里面变成不好的。这就是多数人的光景，但我不要这样。

40 岁之前，我给人清高的印象，不是我愿意这样的。读大学时，我是一个优秀的学生，到了社会上，我觉得周围一片乌烟瘴气，我的反应是把自己跟人隔离开来，保持自己内心的一片清净，但这样做的同时，又束缚了自己。在生活中，你表现出来是什么样的，社会就这样看你，却不知道你的内心。因此，你内心是什么样的，你要表现出来，并且坚持。

我之所以在这个时候来跟你谈话，是因为我 40 岁了，不愿这样下去，不愿带着一些消极的东西，一些没有生命力、没有光明的东西这样下去，不愿老了变得可悲。过去，我一直听内心的声音，但听到那里有两个声音，一个是："生活不应该是这样的。"另一个是："生活就是这样的，这样不是很好吗？"我看周围，许多人都在这样的状态里，吃吃喝喝就感到满足，我知道，他们接受了"生活就是这样的"。现在，这个声音还在对我说："你都这个年龄了，生活本来就是这样。"另一个声音却很分明、很坚定："到了这个年龄，紧迫感更强了，因此，生活不能这样。"我开始想，如果生活不能这样，应该是怎样的呢？我应该怎样去改变自己生活的轨迹呢？看到时间在消失，我可以做些什么呢？有什么样的事情对我有意义，并且可以让我投注热情与精力呢?

我之所以来跟你谈话,是受到一个比喻的启发:一个物体在运动,如果没有外力,它会一直按照惯性运动下去,想停下来,也许不行。有了外力,可以帮助它改变。现在,我不要那样惯性地生活下去,我需要外力的推动,我必须做出改变。

20年前,我来到南京,看不到生活有太多的意义,这样的状态一直持续下来。4年前,我来到直面,我觉得很值得。在这4年里,我开始想我可以做什么,内心也渐渐知道我可以做什么。几年来,我一直想跟你谈话,但没有勇气。现在,我需要讲出来,想听到从你那里而来的回应。我想,也许是上帝安排我与直面相遇。在直面的经历,让我渐渐明白,我之所以害怕时间,害怕时光催人老,害怕死亡,害怕死亡把我投进虚无,那是因为我活着,活到40岁,却没有真正"存在过"。如果一个人在这个世界上活了一场,但没有"存在过",他的生活就像一台戏,还没有拉开幕就结束了。如果我能活出"存在"的品质,就不再害怕时光,不再害怕死亡。到了生命的终结,如果我可以坦诚对自己说"我存在过",死亡就对我无奈了。

谈话结束,这个朋友对我说:"谢谢你听我说这些话。"我对她说:"谢谢你给我讲这些话。"

是穿越，还是绕开

　　她经历的那场爱情的火焰熄灭之后，我看到，她的生命简直成了一堆灰烬，她被很深地击垮了……以前在我面前出现的那个她，原来是一幢很美的房子，但房子的根基却建在一片沙滩上面，当一阵暴风袭来的时候，它便倒塌了。

　　我跟一位当事人进行了相当长的探索，寻找问题的根源、幸福的本质。那些表面的、可以用道理说明白的方面，当事人都已经历过了，都没有发现问题，因此，我们得走到深处去寻找。我们沿着科学、理性、逻辑的途径探索，发现通过它们并不能找到问题的根源和幸福的本质。我们又沿着道德、法律、医药的途径探索，依然不能达到根本的地方。而这些途径正是当事人过去长期使用的。当事人受过很好的教育，她的头脑几乎是用科学和逻辑武装起来的，是非常理性主义的；在整个成长过程中，她的头脑里堆满了各样的"应该"，是非常道德主义的。她拥有博士学位，是大学教师，有好的容貌，有好的头脑……她几乎具备了所有过好的生活条件，但她长期生活在"非此即彼"的冲突与焦虑里，不能做出选择。她想弄明白，到底发生了什么？

在一场面谈中，我向当事人提了一些问题，并与之讨论。

咨询师：关于人生，有这样一个基本假设：生活是艰难的。你同意这样的看法吗？

当事人：我同意，但我不大愿意接受。

咨询师：面对人生的艰难，又有两个基本态度或行为，一是从中穿越，一是从旁边绕开。你会选择什么？

当事人：我认为穿越是对的，但我往往会绕开，因为我害怕……

我们就此进行讨论，达成这样的理解：没有人乐意受苦，除非他是受虐狂。但是，人生受苦又是不可避免的，在这个世界上没有绝对的保障，虽然我们期待万事顺遂，但艰难和痛苦常常不期而至。我们必须做好受苦的准备，必须选择受苦的态度。

咨询师：关于受苦，有两种不同性质的苦，一种是生活的苦，一种是症状的苦，你会选择哪一种苦？

当事人：它们有什么区别？

我们又做了讨论，有了这样的发现：生活的苦是一个人在这个世界上生活和成长必然经受的苦，因为它们是不可避免的，可以称作是合理的受苦；经历合理的受苦，一个人会获得成长，因此，我们把生活的苦称作是成长的苦，因为它具有让人成长的性质。而症状的苦是这样发展出来的——一个人不愿经历生活中的苦，就想找到一些方式去回避它。人又是解释的动物，他总要对自己的行为做出解释。于是，他找到一些理由对自己的回避做出解释，所以许多的理由最终构成了症状。一个人本来以为躲在理由里可以回避生活的苦，可以很舒服，可结果发现这里也很苦，并且面对这种苦会不知道如何是好。这就是症状的苦，它的性质是逃避成长。荣格说得极其恰当——症状是合理受苦的替代物。

症状的苦是无意义的苦，是他试图用象征性的努力去取消生活的苦，而这是无效的；在症状里待下去，不仅受苦，而且危险，看着生命的资源日渐耗损，所期待的结果永远不会出现。当一个人意识到这些，他会做出一个决定：让自己从症状里走出来。

当事人：走到哪里去呢？

咨询师：从哪里来，就回到哪里去。过去，我们是为了逃避生活之苦而来，现在要回到生活之苦中去。

我跟当事人谈到这样一种现象，做辅导十年来，我接触到这样一些人——他们年轻、漂亮、充满魅力、聪明，受过好的教育，有特别的才能，有许多让人羡慕不已的条件，每个人都以为，拥有这一切，一个人就可以过得幸福。但问题恰恰在于，他们拥有比别人更多的幸福条件，却过得很不幸福。我对他们说："看，你有这么多好的条件！"他们回答说："没用。"对他们的回答，我内心暗自惊讶。后来，当我成为一个成熟的咨询师，我渐渐明白，他们说"没用"是真的，也是真诚的。虽然拥有外在所有的条件，但他们却缺失某种东西，正是那种东西在决定这些条件是否有用。

当事人：那正是我一直在找的东西，但一直没有找到，我也不知道它到底是什么？请你告诉我。

咨询师：我哪怕知道，也不会轻易相告，我怕告诉你了，你会随手就把它丢掉，因为它看上去如此普通，而且必须你自己去找到它，才会有真正的价值。但我可以陪你去找，看我们是否能够找到它？

心理咨询本身就是一个寻找的过程，而且最终是让当事人自己找到。但在寻找的途中，我们会遇到一些相似之物，它们会给我们带来启示，会对我们有所指引。其中，我们读到这样一段话："如果我能说人间和天使的各种殊言，却没有爱，我就成了嘈杂的锣、鸣响的钹；如果我有做先知传道的恩赐，也明白一切奥秘、一切知识，并有全备的信，以致能移山，却没有爱，我就一无所是；即使我把自己所拥有的一切分给穷人，又舍弃自己的身体被人焚烧，却没有爱，对我也毫无益处。"

我们对之进行讨论，显然，这段文字讲的是"爱"与"行为"的关系，爱是本质，行为是表达方式，没有爱，行为便没有意义。这给我们的探索带来一些启示，我们在寻找某种类似的本质，不然的话，不管我们拥有多少条件，都不会感到幸福，都不会感到有价值。

当事人：对我来说，那本质是什么呢？在别人眼里，我什么都好，而我自己却觉得什么都不好。这就是我的病。

咨询师：有一个女子，在她27岁的时候，遭遇了一场恋爱。27年来，她内心里筑造的情感堤坝一下子就崩溃了，她陷入一场生生死死的激情。在这之前，她曾断断续续地来跟我谈话，我看到她拥有许多幸福条件——年轻、漂亮、充满魅力、聪明，有写作的才华，有表演的才能，有好的口才，工作上有好的业绩，生活中还有不少朋友。虽然时而会有一些小小的情绪，也不过是调节生活的小小插曲。因此，在过去的咨询中，我对她表达了许多的欣赏与鼓励。然而，等她经历的那场爱情的火焰熄灭之后，我看到，她的生命简直成了一堆灰烬，她被很深地击垮了，情绪的碎片散落一地。这时我才意识到，以前在我面前出现的那个她，原来是一幢很美的房子，但房子的根基却建在一片沙滩上面，当一阵暴风袭来的时候，它便倒塌了。

这时，我回头去了解她的成长历程，我看到，从小到大，她一直都在回避生活中各样的苦。在她幼年的家庭环境里，母亲对她有过度的保护，父亲对她有过多的责怪。遇到不开心的事，她就哭，跟所有的人讲，得到源源不断的安慰。这渐渐成了她的习惯，不管遇到怎样的苦，她都可以哭过去，讲过去，让别人安慰过去。就像一个小孩子，不高兴了就哭，然后在妈妈的轻抚中入睡了，醒来的时候，把那苦全都忘掉了，仿佛一切从未发生。

这个女子，几乎从来都没有从受苦中穿越，她总有办法从旁边绕开。然而，当她绕开这些苦，也便绕开了其中让她成长的资源。生活中有苦向她走来了，她甚至连照面也不要打，就想办法绕开了，从来都没跟苦直面过，从来都不知道苦的面目，更不了解苦的本质，也从来都没有听过痛苦对她说话，从来都不知道苦对她意味着什么，从来都不知道苦是从哪里来，它的目的是什么，因而没有跟苦打交道的经验。这个女子就这样轻飘飘地绕开了生活中所有的苦，也因为绕开了生活中所有的苦，她就一直是一个小女孩。这么多年来，她只是听别人说起人生多苦，看到他们谈"苦"色变，使她更加害怕受苦。于是，她拼命积累许多条件，用来建立一个坚固的防御之城，看到这防御之城几乎是完美的，她便以为可以把所有的苦坚拒于城门之外，自此可以免于受苦了。然而，当那一段情感的城墙被一下子攻破，她的生命便遭遇到破城之灾……

当事人（沉吟一瞬）：我便是故事中的那个人……

接着，我们开始弄明白关于生活的一些本质方面。我们无法选择不受苦（生活的实情）；我们只能选择怎样受苦（生活的态度），以及受怎样的苦（生活的品质）。而直面的辅导最关心的就是这生活的态度——我们可以选择怎样受苦。

我想起一个颇有意味的生活故事。据一个著名的导演讲述，他曾在一个孤儿院度过他的幼年时期，在这所孤儿院里有一个很不人道的规定——每一天，孤儿院里的每一个孩子都会挨一顿鞭子，但他们可以选择在一天中什么时候挨打。孤儿院的所有孩子都选择在晚上挨打，只有这位后来成为著名导演的孩子选择在早晨挨打。他从中得到一个很重要的感受：早晨挨打之后，他就可以轻松地度过一天中剩下的时光，而其他的孩子则一整天都是在担惊受怕中熬过。这个故事让我们联想到，如果这一天就是人的一生，一个人选择怎样受苦——亦即他的生活态度，对他过怎样的生活就产生了重大的影响。

最后，我们发现，我们缺失的那个本质便是态度。在咨询的探索中，我们协助当事人审视自己的生活，一路过来，反省自己是怎样在面对和应对生活中的苦：是直面和穿越，还是回避与绕开？在直面心理学看来，症状反映这样一个本质：不是"人"病了，而是人的"态度"病了，而直面的治疗，从根本上来看，就是对态度的治疗。

爱的智慧

孩子的心理障碍，简直是他们用潜意识选择的武器，用以打垮骄傲而强大的父母。

当心孩子太乖顺

父母不让他看电视，他就不看电视，但心里总想着电视；父母不让他跟别的孩子玩，他就不跟别人玩，但心里总想着跟别的孩子玩；父母把他关在阁楼上做作业，但他听到楼下树林里孩子们玩耍的声音，看不进书，就一个人坐在那里玩火柴，一根一根点燃，拿在手里看着它们一根根熄灭……

父母养育孩子，有一个基本的期待，就是孩子听话。在父母看来，听话的孩子，就是乖孩子、好孩子。孩子做得好，父母会夸："乖。"孩子做得不好，父母会说："不乖的孩子，爸妈都不喜欢。"但凡事都有一个度，如果孩子太听话、太乖顺，父母就要当心：乖顺的孩子可能会出问题。

　　探索心理障碍的根源，我们发现有一个普遍的事实：许多在父母眼中、在所有人眼中一直乖顺的孩子，后来出现了心理困难和行为问题。对此，父母感到十分震惊和困惑，孩子一直都很听话，怎么会变成这样？父母之所以震惊和困惑，是因为他们心里有一个假设——听话的孩子不会有心理问题。其实不然。

　　十几年前，我在一所大学教书，班上有个女生跳楼自杀了，惋惜之余，所有人都为之惊愕不已。这是一个教授的女儿，这里的许多老师都认识她，大家谈起来，共同的印象是她自幼就是一个很乖的孩子，人们常常看见她跟着母亲到图书馆，安安静静地看书，很少跟同伴玩耍，从小学到大学，她一直都是好学生……

　　当时我是这个班的任课教师，发现这个女生行为有些异常，便向系里做了汇报，但系里的领导和老师都对我说：这不可能，这孩子是我们看着长大的。

　　一个月后，她从宿舍楼顶跳下来了……

　　后来我从事心理咨询，总要去了解当事人的成长经历，我常看到：从一个个家庭里，走出来一个个乖顺的孩子，他们遇到了心理的困难，走进我的咨询室。我渐渐体会到：

爱的智慧

一个孩子太不听话，这是问题，却是看得到的问题，因而会引起人们的注意，给予适当的干预；一个孩子太乖顺，其实也是问题，却往往是人们不大看得到的问题。因为不易看到，问题就会在暗中累积，一旦爆发，就成了大问题。考察心理障碍的发生根源，许多人的症状背后都有一个"太乖"的成长经验。

太过乖顺的孩子往往成长于控制过多的家庭环境中。在这类家庭里，父母喜欢替孩子做主，不太顾及孩子的意愿，把自认为好的东西强加给孩子，孩子总是被动接受父母的安排，发展不出自主的能力，却产生了心理障碍。而孩子的心理障碍，简直是他们用潜意识选择的武器，用以打垮那些骄傲而强大的父母。当孩子发展出心理症状，情况一下子就颠倒过来了：过去，这个家庭里没有自由的空间，现在，孩子却可以任性而为，把家变成发展症状的空间；过去，父母对孩子过分控制，现在，孩子控制了父母；过去，乖顺的孩子什么都不敢做，现在，他们能做出一些惊天动地的举动，让父母威风扫地、颜面丧尽。例如，一个自幼乖顺的女儿到了高中时期，简直毫无判断地跟着一个骗子逃离家门，用父母的钱养了骗子几年，直到这个骗子在某一天消失得无影无踪。

我曾接待一位 27 岁的女子，发现她身上有一种明显的冲突——一边前来寻求咨询，一边在咨询过程中抵抗一切。在谈话中，她对我说了这样一句话："在 20 岁之前，我从来没有犯过任何错误。"探索发现，"从来没有犯过错误"的意思是，她在 20 岁之前一直是父母乖顺的女儿，父母说什么，她就去做什么。我们要问，听父母的话就不会犯错误吗？原来，对于乖顺的孩子来说，听父母的话，如果犯了错误，那是父母的错误，自己不用承担后果，就等于自己没有犯错误。我们就可以设想，一个 20 岁之前如此乖顺的孩子，到 20 岁之后会是什么样子呢？她选择用症状对父母发起反攻——从一个不加选择接受一切的乖顺儿，到一个不加选择反抗一切的病人。过去，她以为听别人的话，能够成为好孩子；现在，她以为不听别人的话，似乎是在做自己，其实二者都不是真正的自己。

家庭环境的威胁，会使孩子变得很乖顺。在许多家庭里，父母时常会用非此即彼的单一思维，对事情做灾难化的预测。例如，他们很容易对孩子说："如果考不上大学，将来只能到大街上扫垃圾。"这话里既有威胁，也有偏见。太多的威胁使孩子在现实中不敢尝试，他们想去做某件事，立刻会想到各种负面的因素，以致事情还没开始做，就已经在头脑里放弃了。许多人很难穿越这个自幼在头脑里形成的"阴暗走廊"。

爱的智慧

还有一种行为上的威胁，如家庭暴力。据一个女性求助者回忆，在她幼小的时候，父亲经常殴打哥哥，使她心里感到非常害怕，因此从小到大，她在父母面前总是十分乖顺。在她的头脑里形成了一个根深蒂固的恐怖观念：不乖就要挨打。后来，当事人在人际关系上出现严重的困扰——害怕得罪别人，处处讨好他人，想让每一个人喜欢她，因此总是压抑自己、过多隐忍，但在心里对人不信任，甚至怀着怨恨。这种自我冲突持续太久，使她陷入了抑郁状态。

乖顺的孩子因为接受了许多自己不情愿的东西，这些东西又慢慢压抑到潜意识层面，在那里累积成为一个负面的情绪源，其中充满了恐惧、怨恨、敌意等，而这些情绪会导致各种极端的行为。有些人用这些情绪来攻击自己，称为"自惩行为"，有些人用这些情绪攻击他人，称为"他惩行为"。

有一个年轻的女子，在新婚几天之后突然从家中消失，只身跑到外地去实施自杀，被救下来之后，前来接受危机干预的辅导。后来她意识到，事情之所以闹到这个不可收拾的地步，根源是她那逆来顺受的性格。她从小就是一个乖顺的孩子，从来都不敢违背父亲的意愿，心里又十分在乎别人的看法。这时有人给她介绍对象，她在相亲之后心里很不情愿，但怕父亲发火，也怕村里人说"你有什么了不起"，就不敢明确拒绝对方，只是在暗中用各种理由推迟婚期，当到了无可推脱的时候，她只好在心里对自己说："人家都可以这样过下去，我为什么就不可以？"就这样，在家人的安排下，她进入了一场没有感情的婚姻，结果还是忍不住逃出家门，想找个地方一了百了。

生命有各种各样的需求，人生成长的条件是这些需求得到了适当的满足，而症状的发生是因为正当的需求受到过度压制和剥夺。

有一个人因为患焦虑症前来求助，从他的讲述中我发现，他在幼年时期，正当的需求受到父母的过度压制，因而在他的内心里形成这样的冲突——父母不让他看电视，他就不看电视，但心里总想着电视；父母不让他跟别的孩子玩，他就不跟别人玩，但心里总想着跟别的孩子玩；父母把他关在阁楼上做作业，但他听到楼下树林里孩子们玩耍的声音，看不进书，就一个人坐在那里玩火柴，一根一根点燃，拿在手里看着它们一根根熄灭。后来，当事人发展出焦虑的症状，我们发现，这焦虑症状原来是从幼年时期外在压制与内心反弹的冲突中转移而来的："现在父母不让我焦虑，我自己也想不焦虑，但控制不住要去焦虑，而且我都不知道为什么焦虑。"

许多心理症状显示，在一个人的成长过程中，他的正当需求受到压制或剥夺，会在他的内心形成一种空缺，日后他会不顾一切地寻求补偿，但那空缺简直是欲壑难填，不管怎样的补偿都无法满足，于是这种过度的补偿行为就变成了症状。

　　乖顺的孩子也可能是从父母过度的赞扬声中塑造出来的。一个孩子，因为表现得乖，就得到了赞赏。为了不断得到赞赏，他总要去表现得很乖，最后就把自己变成了乖乖儿、乖乖女。这样的孩子可能会为他们的"乖"付出成长的代价。从小到大，他们为了在别人眼中成为好孩子，为了获得好评价，会牺牲自己的意愿，牺牲自己的想法，不敢表达自己的情感与态度，不能按自己的心愿去做出决定和采取行动。他们害怕犯错误，担心因错误而失掉好评价，会将自己限定在一个地方，不敢做出尝试，因而失掉许多宝贵的成长经验。

　　在许多家庭里，导致孩子太乖顺还有一个原因，就是父母之间存在巨大冲突，或因养育孩子的观念与方式相反，或因感情不和，一直争吵不止。孩子生活在这种冲突的夹缝里，会感到很不安全，会担心父母离婚，害怕双方都不要他。出于安全的考虑，孩子会让自己变成很乖，试图两面讨好，甚至想象，因为自己是一个乖孩子，父母会因他的缘故能够重新和好或不再吵架。孩子在这样的冲突中生活得久了，会养成首鼠两端、患得患失的思维倾向，甚至形成强迫型的心理障碍或人格障碍。

所以，孩子不听话，让父母操心，孩子太乖顺，父母要当心。

过度保护下的孩子

　　过度关心和担心的父母需要知道，孩子自己可以决定穿多穿少、吃多吃少，因为他们知道冷暖饥饱；孩子可以有自己的情绪，可以经受生活的痛苦，有权要求有独处的时间和空间，独自去面对自己的困扰和痛苦；孩子可以尝试做事，获得不同的经验，甚至有权犯错误，让自己在犯错误中成长。

　　从事心理咨询，常常会面对一个可悲的事实：心理障碍的背后是伤害，而伤害又往往来自家人，大多是父母。这是一个听来相当荒诞的悖论。父母本来是孩子生命成长的培育者，却总是在不经意间阻碍孩子的成长，而且许多父母对此习焉不察。

成长不容易。在人的生命内部，一直有两种力量在进行争战，从生命孕育成胎，降生为人，这争战便开始了。争战的一方是躲避的倾向，表现为害怕受苦，追求舒适，要求依赖；争战的另一方是成长的渴望，表现为能够面对恐惧，经历艰难与痛苦，从而获得成长，最终长成自己。父母对孩子的过度保护，满足的是孩子内心回避痛苦、追求舒适、要求依赖的本能，同时阻碍了孩子成长的渴望，以及为了成长而进行的各种尝试。而且，父母对孩子的过度保护，往往有正当的理由——"为了你好"，因而也给这种行为本身添加了一层合理化的保护。这样一来，孩子只得接受父母"为了我好"，对之无力反抗而又烦躁不安。因此，我们不妨把话说得极端一些，对孩子过度保护的行为，简直是软刀子杀人。

过度保护会采用各种各样的表现形式，它们都会给生命成长造成相应的阻碍和损伤。

第一，包办代替。孩子做自己力所能及的事，是自身成长的一部分。做事使他们获得经验，发展能力，增强自我确定感。在做事的过程中，失败的经验可以成为教训，成功的经验就在他们内心形成"我能行"的能力感或得胜感，有利于建立良好的自我评价或自我形象。然而，许多父母因为担心孩子会犯错误，会累着、伤着，会把衣服弄脏，把环境弄乱，就不让孩子动手做任何事，对孩子本来能做的事包办代替。包办代替的父母不但剥夺孩子做事的机会，更重要的是剥夺生命成长的重要资源，导致孩子缺少经验，能力发展不出来，自我评价降低，内心形成"我不行"的自我概念。

第二，过度满足。生命有一些基本的需求，成长的条件是使这些需求得到适当的满足。很重要的就是"适当"。忽略或剥夺孩子的需求，会影响孩子的成长，严重者会导致心理障碍。相反，过度满足孩子的需求（或者同时过度满足某些需求，又过分忽略或剥夺另外一些需求）也会造成同样的问题。真爱是一种有意识、有目的的行为——把爱的对象培养成为有责任意识和爱的能力的独立个体。用这个定义来检验，我们便会看到，在有些情况下，我们对孩子的需求给予满足，是真爱行为；在另一些情况下，我们对孩子的需求不予满足，同样是真爱行为。但是，对孩子过度保护的父母，很难做到后面一点。他们的行为受潜意识或本能的驱动，例如，为了满足自己的心理空缺，或者为了免除自己内心的不安全感，要跟孩子建立一种难分难解的依赖关系。这是溺爱，而不是真爱。这样做的结果往往使孩子的内在动力受到削弱，以致形成依赖，对事物丧失兴趣，不愿为实现某个目标而付出努力。

第三，太多的道理。过度保护的父母，会给孩子讲许多道理，以为孩子明白了道理，便安全了。然而，我们却发现，那些头脑里装满了"道理"的孩子，自己的主见却长不出来，因为成长的空间全被父母的道理占据了。又因为缺乏自我成长的经验，选择能力很弱，他们只能依赖父母的道理。但在生活中，面对不同的现象，他们会表现得无所适从，进入人际关系，会产生许多的挫伤和困惑。

有这样一家人，父母都是成功人士，但在教养孩子方面，却不停讲道理。甚至在咨询过程中，这对父母还在不停地讲啊讲，孩子终于忍不住了，不停地用英文制止："Stop！""Shut up！""Zip your mouth！"在后来的谈话中，这个高中生表达了她内心的冲突：父母的过度保护让她感到温暖、依赖，但软绵绵的，让她不能成长，因而心里会很烦。

这里，我们看到她内心里有两种倾向在冲突之中：一是躲避的倾向，二是成长的渴望。这个高中生的"心声"，我真巴不得天下父母都能够听到，从此能够理解，对孩子不再过度保护。

第四，过多的关心。过度保护的父母，对孩子有过多的关心，简直把孩子当作婴儿，关心起来无微不至。他们太在乎孩子衣服穿多穿少，饭吃多吃少；他们对孩子察言观色，看到孩子脸色不好，就担心孩子不快乐，就把这当成不得了的事，一定要向孩子问个究竟，没完没了地问，没完没了地安慰孩子；他们担心孩子"近朱者赤，近墨者黑"，会限制孩子与同伴交往，把一套成人的"庸俗法则""等级观念"灌输到孩子的内心；他们生怕孩子会犯错误，一看到孩子尝试去做一件事，他们就会想象出各种各样的负面因素，用它们来浇灭孩子内心的"动机火花"。

过度关心和担心的父母需要知道，孩子自己可以决定穿多穿少、吃多吃少，因为他们知道冷暖饥饱；孩子可以有自己的情绪，可以经受生活的痛苦，有权要求有独处的时间和空间，独自去面对自己的困扰和痛苦；孩子可以尝试做事，获得不同的经验，甚至有权犯错误，让自己在犯错误中成长。

过于关心和担心孩子的父母，往往对孩子的生活有过多的限制和压制，会压缩孩子的成长空间，导致孩子不敢尝试、不敢冒险，为了求得安全，凡事采取放弃的态度，发展出一种"习得性无助"的行为习惯。

过度保护的父母，往往囿于个人的经验，但对此无所觉察。他们中间有许多人，在幼年时期遭受过父母的忽略，生命里有合理的需求，但总是得不到满足，反而被长期剥夺。当他们长大成人、为人父母，他们很可能在教养孩子上走到另一个极端——对孩子过度保护。他们中间有许多人，因为在幼年时期缺乏父母的关心和保护，反而在成长过程中，大胆拓展自己的经验，并且成了在经验里长大的"野孩子"，他们身上那种自我肯定、敢作敢为的特性给他们带来了"成功"。但他们把自己的孩子变成了"温室里的花朵"，不让他们经历生活的风风雨雨。

其中还有一个原因，他们在追求"成功"的过程中，受了不少的苦，因而总想通过自己的努力，让孩子免受任何自己曾经受过的苦。于是，他们为孩子创造一切的条件，尽一切的努力，要把自己的家建成一个纯净的天堂。结果往往他们把孩子培养成了洁白的天使——纯洁无瑕，黑白分明，循规蹈矩，容不得模糊，接受不了阴影，不愿经历生活的艰难，不能承受负面的情绪。

这样的孩子，进入同伴的群体，简直被看成是"天外来客"。在同伴的眼中，他们太幼小，常常被这样对待："你是小孩子""你不懂""不跟你说""一边去"。这时，他们会感到茫然无措，不知道什么地方出了问题。

受到过度保护的孩子，正是因为太"好"、太"纯净"，只适合在天堂般的环境里生活，遭遇这个世界一些无法避免的脏污，他们会感到痛苦、不安全、无所适从，想找一个地方躲起来，这个世界让他们时常感到没法生存。在惶然无措之中，他们四处寻找绝对的标准，想让自己变得安全，变得稳固，想回到幼年时期的乐园，却在生活中不断经历"失乐园"的挫伤。这就应了一本书上的一句话：好孩子上天堂，坏孩子走四方。

聪明之误

我的孩子上小学一年级的时候，一天放学回家，显得有些焦躁。问其原因，原来是他没有把一篇课文背下来。再问得细一点，原来他认为，聪明的孩子只读一遍就应该会背。但他读了一遍，没有会背，就觉得自己不是一个聪明的孩子，因此就不背了。

他的这个观念是从哪里来的，我不太知道。但我告诉他不是这样的，我说："读多少遍不要紧，关键是会背。"作为父亲，我也没什么高明之处，这话算是讲道理。但儿子抵抗："如果我不能读一遍就会背，我就不背了。"我说："如果老师明天让你背课文，你不会背。老师问你为什么不会背，你会怎么解释？"儿子回答不了这个问题，大概他也觉得"聪明的孩子只读一遍就应该会背"说不过去，就只好去多读了几遍，结果会背了。

有一个事实必须说明，在我的辅导经验里，遇到不少出现情绪、心理问题的孩子，他们往往十分聪明。那么，聪明与心理障碍之间存在着某种因果关系吗？那倒不是。关键在于一个人怎样看待他的"聪明"。这涉及观念问题。在我儿子那个年龄，他还不明白，这是观念（"聪明的人必须只读一遍就会背"）给他造成的阻碍。如果一个人把某种不适当的观念发展成一种习惯，进而形成一种生活风格，那他会为此付出代价。

我们从头说起。在父母那里，聪明的孩子是讨人喜欢的，总是得到赞赏，总是被寄予很大的期待。甚至，聪明的孩子犯了错误都会享有特别的豁免权，可以不必遵守某些必要的规则。不知不觉中，孩子的头脑里会形成一个观念：聪明是最好的，一个人聪明就有了一切，如果不聪明，就没有一切。这就是聪明的观念之误。

接着，这种观念之误很容易发展成行为之误，说简单一点，就是耍小聪明。如聪明的孩子会看不起勤奋，他们喜欢别人说他们聪明，但不喜欢别人说他们勤奋。这背后的错误观念是——勤奋就等于不聪明。虽然爱迪生的话——天才就是99%的汗水加1%的灵感——贴在每个学校的墙上，依然有一些孩子希望自己是"99％的灵感加1％的汗水"。因为，在他们的成长经验里，"聪明"给他们带来的感觉真是太棒了，他们如此害怕失掉"聪明"，以至于他们做事，干脆就是为了让人觉得他们聪明，而不能专注于做事本身。这时，他们就会浮于表面，不能通过做事获得真正的成长资源。

还有一些孩子因为担心自己太勤奋，会被人说是不够聪明，因此就装出不勤奋的样子，只是在没有人的时候"悄悄"勤奋。这种行为自然是出于压力，却在压力下发展出不诚实来，也会局限一个人发挥自身的能力。这也算是聪明之误的一种表现吧。

"聪明"被过多地强化之后，会形成一种强迫性的观念：只要聪明就行了。甚至，这会在人的头脑里发展出一种症状来，名字就叫强迫观念。我曾经接待一个大学生，我们假定他叫李明。因为有强迫观念的困扰，李明前来直面心理中心求助。他表示，在他头脑里会反复出现两个声音在争论：

声音A：李明，上帝选中了你。

声音B：上帝为什么要选中我？

声音A：因为你聪明呀。

声音B：但是张强比我更聪明呀，为什么没有选中他呢？

　　声音 A：张强不是聪明，而是勤奋。

　　声音 B：张强真的不是聪明，而是勤奋吗？

　　接下来，他头脑里的这两个声音就开始围绕在"到底是李明聪明还是张强聪明"的争论之中，不休不止，当事人为此痛苦不堪，欲罢不能。而这种"是聪明还是勤奋"的背后，却有很深的文化与个人经验的根源。我相信，对"聪明"过多赞扬会不知不觉之间在孩子身上培养出虚荣心，在他的成长过程中给他造成某种阻碍。回头说到我的治疗经验，我本人有一个没有经过数据统计的观察发现，许多患有强迫症的人，往往既聪明又漂亮。他们回忆自己的童年，往往有这样共同的陈述："每个人都说我很聪明。"

　　但是，在这个世界上生活，并非只要聪明就够了。许多时候，要完成一件有价值的事情，不仅需要聪明，还需要许多其他生命的素质，如勤勉、执着、耐心、热情、兴趣等；在这个时候，那些一直依靠聪明的孩子就会受到自身和环境的挑战，进而可能陷入焦虑。如果在这种情况下，他没有得到好的引导和支持，可能选择轻易放弃，并因而经历一系列的挫伤。

　　聪明是好的，但仅靠聪明是不够的，甚至，一个人过于依靠聪明是危险的。有些生命的品质比聪明更可贵，比如，一个人为某一件事情去做持续性的努力，他有热情、有信念、有确认的价值观，他愿意做出这种努力，不只是为了得到别人的喜欢和奖赏，还有一些更自然而深沉的动力在激励着他。

许多人因为聪明之误而遭受生活的各种挫败，那是因为人生中有许多事不是单靠聪明就可以完成的。举例来说，在小学时期，甚至到了初中时期，一个聪明的孩子不需要太勤奋，还可以成绩好，过得很轻松。家长、老师都说他聪明，周围的同学都羡慕他。后来他考上了高中，甚至是重点高中，甚而又至，他进入重点高中的重点班级。这时他发现，他的周围聚集了一群不但聪明而且勤奋的孩子。过了一段时间，他又会发现（或许他没有发现），但面对着这种情况，单靠聪明是无法取胜的。但他很想取胜，因为取胜代表着别人对他的赞赏，因为他一路过来，周围都是赞赏的声音，说他有多聪明。

西方人很喜欢 crisis 的中文翻译："危机"，意思是危险与机会并存，关键在于当事人在这种处境中如何做出选择。面对这样的"危机"，有些孩子能够做出调整，意识到"只要聪明就行"给他造成了阻碍，因此会尝试发展更全面的生命品质去应对所处的环境，这时他在为自己发展机会。有些孩子则放不下"只要聪明就行"这个根深蒂固的观念，会用它跟环境对抗，哪怕给自己造成贻误也在所不惜——他必须被人认为是最聪明的。甚至，在贻误了自己之后，他还可以从别人的惋惜里得到些许的安慰，仿佛听到别人说："这孩子，真是太可惜了，他其实很聪明的呀。"

还有一些人，他们为了表现自己的聪明，简直到了不顾一切的地步。他们不顾这会给自己造成什么损害，也不顾自己的行为会给他人造成损害。如果他的聪明没有被赏识，他宁愿把这聪明用来破坏——破坏自己，破坏他人，目的只是要引起他人的关注和赞赏，让人们说他有多聪明。这大概也是许多智能型犯罪的一个内在心理动因吧。因为不管怎样，他必须让人知道他是聪明的。这不仅是聪明之误，简直是聪明之害了。我曾经跟一位在监狱待过一些年的人交谈，他告诉我说："他的狱友没有笨人，那里充满着五花八门的聪明。"我相信他说的话。

鉴于以上的分析，有必要对父母有几点提醒：父母可以欣赏孩子的聪明，但更要欣赏孩子为做成一件事情而付出的努力。父母可以在意事情的结果，但更要关注和支持自己的孩子为实现某个目标而经历的过程。父母可以帮助孩子发展自身聪明的天资，但更要协助孩子培养孩子的踏实作风，养成各种生命的素质。这些素质会让他们活得更有价值，更能充分体验到幸福。

　　在这个世界上，那些自幼被赞为聪明、能做大事的人，往往会"聪明反被聪明误"，反而把自己的生活过得鸡零狗碎；而那些真正活出自己的生命价值，并且对人类福祉有贡献的人，往往不是单靠聪明成事，他们靠的是在生活中磨炼出来的各种生命品质。

智商与成功

　　像哥哥和姐姐一样，她几乎把所有的时间都用于学习，几乎不跟同学交往，早晨第一个进图书馆，晚上最后一个出来。从小就很少有跟同伴一起玩耍的经验，长大后，又把所有时间都用在科研上，没有社会交往，不跟家人相处，到了40岁左右，也无心考虑婚事，根本就没有时间谈恋爱。

　　看到这个题目，读者可能会猜想下面是不是要讲什么秘诀。在我们这个时代，有什么比"智商"和"成功"这两个词更吸引人呢？激烈的社会竞争，普遍的不安全感，使许多父母对孩子的未来充满担忧，他们看不透这种教育的盲目和广告背后的商业驱动，不惜任何代价去开发孩子的智商，要把孩子培养成天才。

　　在许多人眼中，智商等于成绩，成绩等于成功，成功等于安全。但是人们追求看得见的成绩，却看不见孩子正在失掉什么。在直面的咨询室里，我接待了许多成绩好的孩子，却发现他们为成绩好而付出的代价：他们失掉了做孩子的快乐，缺乏生命的经验，造成了性格的偏差，发展出心理障碍。那些不顾一切追求"智商"与"成功"的家长，极少把孩子培养成了天才，大多数人的孩子都成了牺牲品，还有一些孩子没有成为天才，反而成了病人，也有一些孩子成了天才，同时也成了病人。

　　有一个案例给我的触动很深。这是一个堪称楷模的母亲，让天下父母羡慕不已的是，她有3个孩子，老大是个儿子，老二是个女儿，都毕业于国内和国外名牌大学，获得博士之后，回到国内，在国家重点科研机构工作。从小到大，他们用功读书，很少有跟同伴一起玩耍的经验。成人之后，又把所有时间都用在科研上，没有社会交往，不跟家人相处，到了40岁左右，也无心考虑婚事，根本就没有时间谈恋爱，连大年三十都是在实验室里度过的。老三也是一个女儿，目前正在国内一个名牌大学读研，像哥哥和姐姐一样，她几乎把所有的时间都用于学习，几乎不跟同学交往，早晨第一个进图书馆，晚上最后一个出来。最近，女儿给母亲写信说，她正在准备考博，要成为像哥哥、

爱的智慧

姐姐一样的人才。母亲接到信，匆匆赶到学校，拉着女儿的手哭了，对女儿说："孩子，不要再考了，咱家不缺博士，咱家缺正常人呀。"但看到女儿考博的心如此坚定，母亲也只能感叹："晚了，现在说什么都没用了。"

这位母亲感到失落：孩子"成才"了，却没有"成人"。在强迫式的教育之下，孩子们获得了知识，却失掉了生命中某些很重要的部分。他们被迫吸收知识，开发智力，追逐社会指定的目标，追求成功带来的升天感觉，却压抑生命的需求，限制生活的经验，把丰富多彩的生活隔绝在成长的门外。因为缺乏成长的经验，他们的情感变得漠然，丧失感受能力，发展出一种机械性的思维方式和人格特征——他们的大脑能够理解知识系统，能够准确接收指令，有效实现目标，能够像机器一样持之以恒地工作。用西方人的概念来说，他们成了 human doing（存在于"事"），而不是跟我们一样的 human being（存在于"人"）。这意思是说，他们不能体验和反思自己的生活，只能通过不停做事来证明自己的存在。这样的人，在这个世界上孤立地生活着，不能跟同类进行生命的互动，他们发展出极端的理性，生活在逻辑的程序之中失掉了可贵的人情味，几乎感受不到痛苦，却让亲人为他们痛苦着。

另一个案例是一位大学生，母亲带他来接受咨询，是

073

因为学校勒令他退学，他依然沉溺网络游戏，不能自拔。探索发现，这位大学生曾在初中参加物理竞赛，获得过一等奖，经历上台领奖，受到全场鼓掌，与其他得奖者一起参观名牌大学，一路引人注目的过程，这给他带来一种完美的光环体验。然而在高考中，虽然物理分数很高，总分却不够，结果是未能如愿进入名牌大学物理系，却成了一个普通大学物理系的学生。这给他的打击实在太大了，以至于从大一到大三，他都无法接受这个事实。他不屑于读这个大学，不屑去上课，不屑与同学交往，在网吧中打发时光，通过游戏来获得一种自我飘升的体验。由于多门功课不及格，学校多次决定让他退学，母亲都苦求学校保留了学籍，现在事情到了无法挽回的地步，母亲在网吧里找到他，带他来接受心理咨询。在谈话过程中，他的态度依然是颇为不屑的，使用最多的回应是："你说的这些不符合物理学原理。"

　　分析起来，在这个当事人的内心里，保留着一个智商的神话，供奉着一个天才的自我，少年时期在物理上的"成功"和随之而来的奖励和赞赏，使他心里产生一种高高在上的特殊感，自此，他的自我无法走下来，让自己成为生活中的一个普通人，也无法接受生活中那些平常甚至黯淡的境况，不能接受任何不符合他心愿的事情发生。不然的

074

话，他宁愿变成一个"病人"，放弃自己一直孜孜以求的现实目标，转而用一种象征性的方式去获得虚妄的自我满足，且长期沉溺其间。

我在对青少年的辅导中会使用一个"完成句子"的方式，就是给他们一些片语或词汇，让他们接续完成后面的部分。结果发现，在一些片语或词汇后面出现大致相同的选择：

"我真想"后面的接续部分是"变成神"。

"我想要"后面是"一枝独秀"。

"如果"后面是"我是天才就好了"。

"我要是"后面是"会魔术就好了"。

后面的接续部分反映出这样的情况：他们只想得到结果，不愿承受过程。他们的头脑里有一个魔幻的天才自我，不需要经历艰难的过程，就可以达到想要的目标。这个自我的特征是一枝独秀、天才、魔法、一帆风顺。但在现实中，各样的生活困难会不断打击他们内心里的这个自我，使它屡屡遭受重创，感到痛苦，不知如何是好。

许多父母并不了解孩子内心的困扰，往往会这样安慰孩子："你是世界上最聪明的孩子""妈妈相信你是天才""你的同学跟你比差得太远了"，等等。这些父母并不知道，他们过去就是这样把孩子抛到半空中，使他们既上不了天堂，又不愿落回地面，最后从上面摔到地面，摔得很痛，不知道发生了什么，不知道如何应对这样的困境。其中有些人便采用各种防御的方式，试图回避生活的困难，结果发展出各样神经症的痛苦。

然而，我们的确发现，在生活中，那些看上去并不怎么聪明的人，或者在聪明人眼中被看作智商不高的人，却按照他们本来的样子在踏踏实实地生活，在现有的条件下尽力而为地做事，这样的人会越来越多地体验到普通而宝贵的幸福和价值。这样的情况是那些聪明的人看不明白的："他们并不聪明呀？"

我们还发现，那些在老师眼中被认为智商不高，但在生活中有许多经验（也因而犯了不少错误）的孩子，后来偏偏活得实实在在，活得有滋有味，甚至活得轰轰烈烈。这就让那些智商很高的人更加看不懂了："这世界太不公平了！"

生命的品质并不取决于智商，成长的目的并不是单层面的成功。人生是一条经验的河流，我们在其中体验着每时每刻的流动和变化，而生命的意义就在这流动与变化之中。

享受过程，接受结果

　　在一个幼儿园里，老师在教室前面的讲台上摆放一些巧克力，对小孩子们说："你们中间有谁想得到一块巧克力，现在就可以到前面来领取。你们中间有谁愿意等十分钟，他会得到两块巧克力。"接着，小孩子们做出了不同的反应。有的立刻走上前来领取一块巧克力，开始吃起来。有的则坐在那里等着，十分钟之后，他们得到了两块巧克力。

　　这是心理学家曾做过的一个实验。心理学家按孩子的不同反应把他们分成两组，分别对两组孩子进行了持续许多年的比较研究，发现他们后来的生活发生了差异：那些选择立刻领取巧克力来吃的孩子，在后来的人生发展中遇到较多的适应困难，而那些选择等十分钟从而获得两块巧克力的孩子，在后来的生活中则以更成熟的方式应对生活，过得更为畅顺，获得更多的幸福和价值感。

这个实验反映的是心理成长上的一种"延缓享受"的能力。我不大同意用单项实验对整个人生做出判断，也不认为幼年时期的某一种因素会决定后来的生活，因为在生命过程中会有许多因素对一个人的生活发生作用。但我相信，生命成长中的一个重要内容是学习"延缓享受"。

对于幼儿来说，"十分钟"是一个可以承受的延缓时段，那些发展出良好自律的孩子会选择承受这个过程，从而获得更大的满足；而缺乏自律则表明一个孩子过于顺从本能的要求，在行为选择上较多表现出情绪化、冲动、非理性的倾向，而这会给他们后来的生活造成更多的困难和阻碍。

当然，需要说明的是，过于自律也会影响一个孩子的个性成长，会使他变得过于刻板、机械、不通人情，压抑合理的需求，造成非理性的情绪与行为反应。因此，这里有一个"度"的问题。它提醒父母需要通过一些方式教导孩子学习自律，发展延缓享受的能力，但也不要过分强迫孩子，压抑他正当的乐趣、需求、愿望，以致造成心理的损害。

记得在儿子四五岁的时候，有一天我带他经过一条小巷，他看到路边小摊上摆放了许多玩具，就要求我给他买一个玩具。我觉得这些玩具质量不好，于是要儿子做一个选择："如果你现在要一个玩具，我马上就可以给你买一个。但是，如果你愿意等到星期天，我会带你去商场买一个更好的玩具。"但儿子受不了诱惑，说："我现在就要。"于是，我就从小摊上给他买了一个玩具，并且让他知道，他将为这个选择付出一个代价——星期天得不到一个更好的玩具。到了星期天，两天前在小摊上买的玩具坏了，儿子要求跟我到商场去买一个好的，我说："这不行，你答应过的。"但儿子不依不饶，威胁说："你不给买，我就哇哇大哭。"

每一个家长都熟悉这样的情况，孩子会用"哇哇大哭"对付父母。他们之所以反复这样做，是因为过去屡试不爽，总能达到自己的目的。但是，对于孩子不合理的要求，父母坚持不予满足，这不是父母的冷酷，而是有意识地在教会孩子学习自律，发展延缓享受的能力。

"享受"是人的本能要求，"延缓"则是后天培养出来的能力。最初，婴儿用"哇哇大哭"来表达自己的要求，从而获得母亲的乳汁。但他慢慢意识到，他的需求可以按时得到满足，他开始具备最初级的延缓享受能力。随着孩子的长大，父母不随意满足孩子的任何要求，而在适当的时候做到"不给予"，这可能对孩子的心理成长更加有利。

父母不加区别地满足孩子的一切要求，这是溺爱，受到溺爱的孩子长不大，甚至会有意逃避长大。如果这样发展下去，他们在日后的生活中一遇到不顺心的事，内部那个没有长大的自我就会像小孩子一样"哇哇大哭"。我们一般以为只有小孩子才会"哇哇大哭"，岂不知成人也会有"哇哇大哭"的反应，只是方式不同而已。直面的经验反映，心理症状的本质就是成人的"哇哇大哭"，它的基本话语就是："我现在就要，如果不给，我就哇哇大哭。"

许多父母会感到困惑不解——他们的孩子到了初中、高中开始变得叛逆，脾气暴躁，缺乏耐心，甚至读了大学，到了30岁，在家里还是这样。如果父母不能立刻满足他们的要求，他们就向父母发火，不依不饶，甚至伤害自己，怨恨他人，发展出心理、人格、精神的障碍。这往往有家庭环境的根源。如果一个孩子在家里受到过度保护，过多被满足（或者孩子的正当需要过多被剥夺，这是另一个极端）会导致这样的情况。

阿德勒曾经提醒：被宠坏的孩子长大之后，很可能成为我们社会中最危险的一群，他们会装出"媚世"的容貌，以博取擅权的机会，他们觉得生活的意义就是独占鳌头，成为人上人，获取心里想要的每件东西。他们没有耐心，缺乏责任意识，自我中心，任性，没有合作精神，不尊重公平原则，要求绝对的自由，实际上自由只是他们"自私的理由"。他们不愿承受过程，更谈不上享受过程，又拒不接受不符合自己期待的结果。他们依赖、乞灵于人，随处想吃到"免费的午餐"。他们会把跟父母的关系延伸到人际关系中去，把别人当成自己的父母，提出各样的要求，如果不能遂其心愿，就怪罪他人"自私"，抱怨"世态炎凉"。当事情不像他们想象的那样，他们会立刻放弃，怨天尤人。他们不能与人为善，因此会在人际关系上累累受挫，导致退缩行为。他们在性格上缺乏弹性和变通，凡事总想用最简单的方式去处理，只是为了达到自己的目的。如果他们拥有权力，他们只会想到用权力解决问题。如果暴力能够帮助他们达到目的，他们就会选择暴力。

　　现代社会文化中的各种因素每天都在刺激着人们的这种极端倾向。商业广告宣传各种"完美体验"，使人们难以忍受现实和自身的不完美之处。追求"成功""一夜成名"，成了我们时代的神话。中奖、特权、投机、一夜暴富的新闻轶事到处流传，使脚踏实地、承受缓慢的过程看起来简直像是犯傻。

　　我们的孩子受到的影响是一切都讲效率，一切都能速成。傍大款、傍富婆可以省掉一二十年的奋斗过程，加速自己的成功。传销成了致富的捷径，诱惑无数面对就业压力的青年大学生。香车豪宅、华服美食，刺激着人的欲望，人们越来越受到及时行乐、游戏人生的影响，越来越忽略"延缓享受"的成长意义。爱情成了条件化的俘虏，性感成了刺激性的时尚。如果生活遇到挫折，原因只在长相不佳，求助于整容之术，生活就会发生奇迹；如果婚姻出现问题，要么长期忍受，却不改变自己，要么轻易放弃，离婚也很方便。学习的过程太难，考试可以找到"枪手"；写作论文太辛苦，网上有论文出售……

过去，家长教育孩子，过多使用"批评""指责""辱骂"，怕孩子变得骄傲，从不赞扬孩子。后来提倡赏识教育，家长走到另一个极端，总对孩子说"你是最棒的""你是世界上最优秀的孩子""你是天才"。前者贬损了孩子的自我形象，使他们变得没有自信，没有自我价值感；后者又在孩子的内心里塑造了一个完美自我，使他们凡事苛求完美，不能容忍自身的任何缺点。这样的孩子，面对现实中的困难，不敢从中间穿越，而是想办法逃避，并且诉诸幻想性的假设："我要是有个富爸爸就好了""我要是中了六合彩就好了""我要是会魔术就好了""我要是天才就好了"，等等。在直面的经验里，存在适应性心理障碍的孩子往往有一个共同特征：不愿承受过程，拒绝接受结果。

爱的智慧

　　有一个词叫"成熟"，因为这个词用得太多，也因为它的含义太过丰富而宽泛，以至于人们感受不到其中的意味和力量。我给"成熟"下了一个可操作的定义："享受过程、接受结果。"人生不是一个起点加一个终点，而是一个内容丰富、充满变化的过程，一个人怎样经历这个过程，他的生命就有怎样的质量。享受过程，接受结果的人，可以过一个幸福、丰富、通达的人生。成熟的人会在过程里尽力而为，不强求结果，反而可以享受过程，享受生活。出现怎样的结果是由许多因素决定的，而在过程里尽力而为乃是我们的本分。

度

　　溺爱是对孩子的需求总是给予满足，不管这需求是合理的还是不合理的。它导致的结果是，孩子在需求满足方面不能做到"适度"，相反，他的要求总是过度的，这叫"失度"。受溺爱的孩子，从家庭走到社会，会用长期习得的方式来要求世界满足他，如果得不到满足，他就怨恨他人，逃避世界，因而产生了适应社会的困难。

　　有一种东西叫"度"。它无处不在，但无影无形。我们一举手，一投足，它就在那里——我们或言谈，或欢笑，它在那里；我们对镜试衣，它在那里；我们待人接物，它在那里。但你想说明白它，它不可名状；你想抓住它，它不可把握。

度是什么？是你感受中的和谐、平衡、分寸，是存在的本质内涵，是关系的适当边界，是万事万物自我体现的得体、适度、恰到好处，增之一分则太长，减之一分则太短。度是一种自由，一种境界。孔子对人生阶段有这样的描述："三十而立，四十而不惑，五十而知天命，六十而耳顺，七十而从心所欲，不逾矩。"这个"从心所欲，不逾矩"说的便是度，这个度里包含的便是自由与境界。

　　人生成长的关键就是度。度是从个体的生命经验里长出来的，度的生长需要有适宜的条件。我总要提到家庭环境与亲子关系，其中，溺爱孩子不利于度的生长。溺爱的意思是对孩子的需求总是给予满足，不管这需求是合理的还是不合理的。它导致孩子在需求满足方面不能做到"适度"，相反，他的要求总是过度的，这叫"失度"。受溺爱的孩子，从家庭走到社会，会用长期习得的方式来要求世界满足他，如果得不到满足，他就怨恨他人，逃避世界，因而产生了适应社会的困难。甚至正如阿德勒所说，被宠坏的孩子长大以后，很可能成为我们社会中最危险的一群人，他们会破坏社会的合作精神和规则。与此相反，孩子的需要在家庭环境中受到过度的忽略和剥夺，也会造成"失度"，这会在他的内心里形成过度的代偿欲求，从而导致生活中过度的代偿行为。

孩子在成长上需要管教。管教的意思是让孩子学习合作和遵守规则。社会可以被看作是一个有规则、需要合作的活动场所，没有学会规则的孩子到了这里，很难与他人建立合作的关系，会在社会活动中感到不顺畅、不自在、不安全，从而产生过于叛逆（反抗一切规则）和过于依赖（顺从一切规则）的非自主行为。

但是，道理太多，规矩太多，也会阻碍孩子成长。对"度"的生长来说，最合宜的土壤是孩子自身的经验，如果父母的道理和规则太多，会覆盖孩子的经验，从而破坏"度"的生长条件。心理咨询经验发现，在观念僵化、规矩过于严苛的家庭里长大的孩子，会过于依赖父母的道理和规则，当他们进入成人世界，面对生活中新的情况，发现父母的道理不能应对，就会紧张得不知所措、无所适从。

有这样一位求助者，她活得惶惶不安，在人际关系中不知道自己的角色和位置，进则怕过，退则怕错，因而不敢做出判断，害怕做出决定，无法信任别人，也不能肯定自己。这是一种"失度"的状态。当事人感到非常痛苦，很想回到 20 岁之前。

咨询师：20 岁之前，你是什么样子的呢？

当事人：20 岁之前，我从没有犯过错误。

咨询师：那可真算是一件很不幸的事。

爱的智慧

她惊讶地望着我。

咨询师(解释): 如果你从不犯错误,你靠什么成长呢?

当事人: 我靠的是父母的道理。也就是说,父母告诉我怎么做,我就怎么做,这样就不会犯错误了。

咨询师: 但你的父母并不是上帝呀! 他们一点都不会错吗?

当事人: 按父母说的去做,犯了错误,是父母的错误,不是我的错误。

原来,对当事人来说,靠父母的道理去做,并不是不会犯错误,而是犯了错误,可以不必承担后果。

咨询师: 一个人总要尝试做事,尝试做事就难免犯错误,但犯了错误可以从中获得经验,然后就在经验里长大了。

当事人告诉我,在过去,她只是按照父母的道理去做,因而觉得很安全,没有这么多痛苦。但现在,她觉得又不安全,又痛苦。原来,当事人追求不犯错误,也是追求安全,她为此付出使自己不能获得充分成长的代价,结果并不能获得真正的安全。因此,我对当事人说:"你看,现在没有了父母的道理,生活变得非常不安全了。"

度是观察世界的视角,度是调节生命的杠杆。透过度,我们可以看到关系,看到本质,看到部分与整体的协调,看到各种因素之间的作用，看到"万事互相效力"，看到事物发展和变化的过程。生命和谐与成熟的象征，表现为对度的把握；而心理症状的本质，往往反映为思维上的非此即彼和行为上的顾此失彼。这是生命的"失度"状态。当人在杠杆的两端铤而走险，他的生活便失去了平衡。

又有一个求助者，遭遇人际关系的许多困难，其根源在于，她在社会环境中压抑自己，处处表现得过于顺从；回到家里，她又变得非常叛逆，肆意向父母发泄自己的情绪。她内心也不愿意这样，但就是无法表现得"适度"和"得体"。长期以来，她四处寻求万无一失的标准，但标准适用于此地，却不适用于彼处，对象不同，对她的标准也反应不一。就这样，她变得越来越没有安全感了，在与人交往的过程中时时出现惊慌失措、顾此失彼的行为。例如，她要求自己跟人交往必须表情优雅自然，说话合于逻辑，却总感到自己顾了表情优雅自然，就顾不上说话合于逻辑，顾了说话合于逻辑，就顾不上表情优雅自然。

度是本质。"失度"表现为一个人纠缠于细枝末节，失掉了本质，或者把细枝末节当成本质。再说前面这位当事人的情况。我问她："表情不够优雅自然又怎样呢？"她被这个问题问得莫名其妙，回答说："表情不自然，那太不正常了。你想，表情不自然，谁还愿意跟你交往？表情不自然，别人就不喜欢我了……"再往后面说，表情自然就是一切，表情不自然就导致世界末日。显然，表情成了当事人关注的焦点，她长期盯着表情不放，渐渐围绕它发展出一个强迫观念，这个强迫观念成了地狱与天堂的转换按钮：如果表情不自然，她就生活在地狱里；如果表情自然了，她就进入了天堂。她不知道，这个让她长期遭受折磨的症状，是她自己选择的一个观念。她也不知道，既然是她选择了它，她也可以不选择它。但问题是，她生活在形式里，而不是本质里。形式让人受束缚，本质让人得自由。

度是生活的奥秘。度与我们的心理成长如此相关，以至于我们可以这样说，"适度"总与健康、自由、幸福联系在一起，而"失度"则表明生命出现了问题。我们可以说，症状（如强迫症）的本质特征可谓"失度"。因为失了"度"，当事人感到不安全，总害怕发生"万一"。因为失了"度"，当事人四处寻求标准，目的是消除"万一"，获得绝对的安全保障。因为失了"度"，他们容忍不了生活的模糊地带，拒不接受世界的不稳定因素，想把生命和生活中的一切都变得标准化，最好能够用数字精确表达出来，似乎这样他们才会觉得安全。

但生活恰恰不是这样。不管我们生活在怎样一个数码化的时代，科技在怎样把许多不确定的东西弄得精确明晰，但生命的"度"却是科技解决不了、取代不了的，因为它是从每一位个体的生命经验里长出来的。我们无法从知识那里得到"度"，我们只能从生活的经验里获得"度"。我们读 100 本恋爱的书，并不能保证我们可以恋爱。我们需要在恋爱的经验里学习恋爱。不管科技怎样测量和研究游泳的姿态、动作的幅度，对之加以图像化显示和数码化分析，都不能真正让一个人学会游泳。一个人要学会游戏，必须亲自跳到水里去，亲身体验身体动作与水的关系。度就是这样在经验里生长。

在直面的经验里，我们探索心理症状的根源，总会发现一种普遍的现象：因为缺乏成长的经验，当事人的生命里没有培育出"度"；而直面的治疗，需要经历一个过程，达成一个目标——促使当事人放弃寻求绝对的标准，返回生命经验的土地，在那里播种和耕耘，培育生命的度。

成长无法逃避

生命成长的渴望如此强烈，虽然害怕，依然面对；虽然痛苦，坚持成长。

高自尊的人

这里所说的自尊，是指一个人怎样看自己，对自己的基本理解，也就是自我概念或自我意识。高自尊的人有良好的自我认同，有充分的安全感，能够确认自己的长处，对自己的弱点也能适当接纳……

生命出生的一个基本事实就是脱离母体，成为个体，走出对母体的共生依赖关系，形成新生个体对养育者（母亲、父亲，以及其他重要亲人）的依恋关系。在依恋的同时，分化也在进行，这就是成长。好的依恋产生好的分化，这就是健康的成长。

依恋与分化的含义非常符合直面疗法的两个基本概念：寻求关联与坚持独立。成长需要资源，依恋就是通过建立关联，让个体获得资源，使成长得以发生；成长的目标是成为自己，分化就是个体尝试独立，并在经验里渐渐确认自己、实现自己。依恋是说一个人在关系中成长，分化是指一个人坚持要成为自己。如果依恋的需求得到适当满足，一个人就会自然经历分化的过程。

成长本身就是一场冒险，依恋让我们感到足够的安全，分化是因为我们感到安全，才敢于去冒险。在建立依恋的时候，我们看到自己与他人的关系；在经历分化的过程中，我们渐渐发现了自己，有了自我意识，知道自己是谁，了解自己的需求，确认自己的价值。

一个人成长，就是经历依恋与分化，在这个过程中，他内心里发展出一种自尊。这里所说的自尊，不是通常所说"这个人自尊心很强"的意思，而是指一个人怎样看自己，对自己怎样理解，通常的说法是自我概念或自我意识。我们很容易看到，有的人发展出高的自尊，有的人却拥有低的自尊。高自尊的人有良好的自我认同，有充分的安全感，能够确认自己的长处，对自己的弱点也能适当接纳；他们有很好的自主性，对环境的适应能力强，能够为自己做的事情负责任；他们有热情，敢去尝试，不怕犯错误，总能从错误中获得经验，从而更加确认自己；他们在遇到困难的时候，会寻找各种解决办法，也会坦然寻求别人的帮助；

他们真实、坦然，不会扛着沉重的面子，敢于表现真实的自我。

与此相反，低自尊的人安全感差，依赖性强；他们总是寻求别人的认同，把自己的价值等同于别人的认同；他们用消极的眼光看待事物，看待自己，在生活环境中看到过多的负面因素，总觉得自己不行；他们也想做事，但总说这不可能，那不可能，总是事情还没开始就已经放弃；他们很少有自己的看法，总是"某某说"，如"妈妈说""爸爸说""老师说"，即使有自己的看法，也不敢坚持；他们在人际关系中通常不能表达自己的积极情感，更不敢表达自己的负面情绪或态度；他们内心里有极深的不安全，行事为人会有过度的防御，可能会通过追求完美，以满足自己无意识的安全需求；他们很在乎面子，不敢真实。

自尊高低与成长经验很有关系。如果一个人在成长过程中经历适当的依恋与分化，他就能够从环境中吸收积极因素，来建立自己的自尊，他知道自己的优点，确认自己做得好的经验，接受别人对自己的积极评价，也能抵御来自环境的贬损因素，他不因为自己有错误、缺点而过分苛责自己，也不会用别人的负面评价来定义自己，他能综合自己的经验，更全面、真实地看待自己。

如果一个人跟父母形成过度的依恋关系，就不能实现充分的自我分化，这可能导致他的低自尊。这往往来自家庭环境的阻碍，如父母过于满足孩子的依恋需求，害怕并阻碍孩子经历自我分化。从生物学的角度来看，胎儿长大了，母腹的空间不够了，就会发生分化（出生），从而获得更大的成长空间和资源。在心理成长上也是如此。但是，有些母亲被强大的潜意识所控制，不能接受孩子在情感、思想、精神意义上经历分化，从而长成一个独立的个体，她们会限制孩子的成长空间，对孩子过多控制和过度保护，导致孩子的成长资源匮乏。她们这样的养育行为，是为了保证孩子的绝对安全，要把孩子安放在母腹，不让它去面对和经历存在危险因素的世界。她们为这种养育方式付出的代价是孩子的自尊或自我意识很难发展出来，虽然长大成人，内心里依然是"妈妈的小宝贝"。

有一个孩子自幼都是妈妈在安排一切，他成绩好，有高的智商，却因为缺乏经验，没有发展出高的自尊。从小到大，他脑子里装的全是妈妈的道理，自己没有主见。到了高中时期，同学在一起谈到"将来想做什么"的话题，问到他，他感到很惶惑，说："这要问我妈妈。"同学们就哄笑起来，以为他说话很幽默。其实，他是真的不知道，也不敢有自己的想法。

还有一位女子，她已经27岁，内心的自我却是一个5

岁的小女孩，在现实中一遇到事情，她的行为表现就像在四处寻找妈妈，需要自己拿主意的时候，她总是说"可是妈妈说……"这些都是分化没有完成的情况。

根据直面的理解，心理障碍的内在根源是严重的不安全感，而不安全感的现实根源往往是家庭环境，特别是亲子关系中既没有形成好的依恋，也没有帮助孩子实现好的分化。直面的经验证明，父母用否定、威胁、贬低、拒绝、过度忽略、过度保护、包办代替、讲太多道理等方式对待孩子，会把过度的不安全感投放到孩子的头脑里，在那里形成一个"阴暗的走廊"——走廊越长，自尊越低。

人的生活是从他的头脑开始，如果他的头脑里形成一个长长的阴暗走廊，就会在他的现实生活中延伸为这样的行为表现：害怕陌生环境，害怕接触陌生人，行为举止像一个牵着妈妈衣角的幼童，不敢尝试不同的经验，害怕犯错误，在人际关系中退缩，过多防御，不敢向人提出要求，遭到拒绝之后，容易产生极端的情绪，表面上拒人于千里之外，内心里又非常渴望有密切关系。

成长的目标就是成为自己，当然是一个真实的自己。而在直面疗法看来，心理问题的本质，反映为一个人不能确认自己，不敢活出真实的自己，躲到用来应付人生的防御面具后面去了，在这个面具下的自我不能跟人建立真实的关系。很多人的教育——不管是在家庭里，还是在学校里，还是在社会上——总是讲"好"，要求人们做"好人"，但直面的辅导去求"真"，鼓励人们做"真人"。如果失掉了"真"，"好"就会变成一种强制。"好人"总是跟自己过不去，压抑自己的情绪，忽略自己的需求，牺牲自己的观点，只为换取别人的好感和好评。这样做会在内部积下许多阴影，造成对自己的损害，也可能使一个人在不自觉中把阴影投射到别人身人，给他人造成损害。有一种心理障碍叫强迫症，它的根源往往是由于一个人在成长过程中过多地违背自己的真实意愿造成的。

例如，有一个大学生的症状表现为控制不住自己吞咽口水，考察与分析发现，症状的根由却是当事人从幼年开始就太过乖顺，不加区别地接受别人对他说的任何话，习惯对所有人说"爸爸说得对""妈妈说得对""阿姨说得对""爷爷说得对""老师说得对"。结果，就像不加分别吞咽任何食物一样，他的内部就积累了压抑的情绪，用习惯性的吞咽动作表现出来，让他无法控制、痛苦不堪。

症状往往是一种象征性的表现，当事人的强迫行为反映的本质是他为了"好"，牺牲了"真"。我后来读到陶行知的一个教育理念，跟直面疗法的本质极为相通："千教万教，教人求真；千学万学，学做真人。"

一个真实的人，能够确认自己的独特，能够鉴别自己的感受、感情、需求，他既能在人我之间有明确的边界意识，又能够尊重他人，跟他人建立亲密关系。过去，我们讲"亲密无间"，讲"大公无私"，它们表达的是一种人际与社会关系的理想状态，但把它们当作一套原则在现实中具体实施，就会出现问题。细察下来，其中缺乏一种边界意识。如果一个人过于追求"亲密无间"，可能导致人际关系的挫伤。如果一个社会过于强求"大公无私"，可能导致普遍的伪善，人们表面讲一套，背后做一套。直面在人际关系中倡导"亲密有间"，在社会行为上倡导"大公有私"，既要有关系，又要有边界，这很真实，很符合人性。

　　高自尊的人既有关系能力（亲密），又有边界意识（空间），人际关系问题的基本表现是：要么没有界限，要么界限太大。二者密切相关：因为没有边界，人在关系里受伤害；因为受了伤害，人筑起一堵墙来保护自己，又让自己与他人隔绝了。

　　直面疗法相信，真实就是力量！成长的人，在尝试变得真实；逃避的人，会躲在面具后面。高自尊的人是真实的人，低自尊的人戴着面具。高自尊的人确认自己的情绪，也自由运用自己的情绪，他生气，是因为事情让他生气，他也会适当地表达生气。低自尊的人不了解自己的情绪，也不能主导自己的情绪，他不知道自己为什么生气，别人认为他应该生气，他就生气了，别人认为他不应该生气，他就把生气压抑下去了。高自尊的人不被面子左右，可以坦然地表现自己、发挥自身的能量。低自尊的人太讲面子，所到之处总要小心翼翼地保护敏感而脆弱的自尊心，压抑了自身的资源，限制了自我能力的发挥。对于个体是这样，对于群体也是这样。

成长的路

"生活是艰难的。"如果人生是一场旅行,持这种态度的人在内心已经做好了准备,他愿意去经历真实的生活,有信心去应对过程中可能出现的各种艰难。这样的人,也同时能够尽量享受生活中那些快乐的资源,仿佛这些给他们带来了一种意外之喜,因此他们也会特别珍惜。

每个人都会在成长中经历某种伤害,其中有些伤害被生活中其他的经验中和了,伤害在有意无意间得到愈合。有些伤却非常深,具有更强的影响力,会给当事人造成持续的损害,阻碍他的成长。这些伤害就需要得到医治。当伤害得到医治,成长才发生,或更为全面地进行。这便是直面的辅导,也是成长的辅导。

心理咨询往往不是一下子解决问题，也不是把所有问题全都解决掉。一个成熟的咨询师会走到问题的背后，在那里做细致的医治工作，渐渐使伤害的影响力减小，控制力降低，损害性变弱。伴随这种医治的过程，当事人内心里成长的力量涌现出来，他的认知拓展了，情绪转变了，行动力增强了。他的问题可能在某种程度上和在某段时间里继续存在，但他可以带着伤害经历成长，这便是"长大"。我曾反复说一句话："在接受心理咨询之前，你的问题大于你；接受心理咨询之后，你大于你的问题。心理咨询便是让你长大。"

问题的根源是伤害，是伤害在我们内部说话。它说："因为痛苦，所以防御；因为害怕，所以逃避。"是的，症状的本质是逃避。当我们反省自己，观察人性，我们看到，人们在沿着不同的途径逃避。医治的本质是直面，是让直面在我们内心说话。直面说："虽然害怕，依然面对；虽然痛苦，坚持成长。"有一个电视节目叫《成长不烦恼》，这表达的不是事实，而是理想。事实是，成长总是伴随着烦恼，成长难免受伤，受伤总会痛苦。人无法选择一个没有痛苦的人生，只可以选择用怎样的态度去面对人生的痛苦。

人生有两种不同性质的痛苦，而痛苦的不同性质是由态度决定的。一种态度是逃避，表现为人试图回避痛苦，要求无限的安慰、绝对的安全、永远的舒适、完美无缺、至高无上……以为只有这样，才会避免受伤，但这是求之不得的，就只好躲起来，以至于陷入症状性的痛苦。另一种态度是直面，表现为，人能够去面对痛苦、理解痛苦、接受痛苦、穿越痛苦，最终实现对痛苦的转化——把痛苦中的损害因素，变成了成长的资源。这便是成长性的痛苦。

　　成长不是在没有痛苦、没有恐惧的条件下进行，而是带着痛苦、带着恐惧去经历和穿越，从而得以实现。有一种态度是："我必须感到快乐，才能去做事。"另一种态度是："我虽然感到不快乐，依然要做事。"现实疗法的中心话语反映的是第二种态度："我不能命令自己感到好受些，但我可以命令自己做得更好些，当我做得更好些，我就会感到好受些。"

　　斯科特·派克（Scott Peck）在《少有人走的路：心智成熟的旅程》中对人生有一条断言："人生苦难重重。"这是一个成熟的断言，它反映的是一种真实的人生态度，其中蕴含着一种直面的精神。持这种态度的人，对人生真实性的一面——其艰难的性质或因素——已经有了充分的意识。如果人生是一场旅行，持这种态度的人在内心已经做好了准备，他愿意去经历真实的生活，有信心去应对过程中会出现的各种艰难。这样的人，也同时能够尽量享受生活中那些快乐的资源，仿佛这些给他们带来了一种意外之喜，因此他们也会特别珍惜。

与之相反的一种态度是："生活必须是快乐的。"这样的态度，看起来是积极的，其中却有相当明显的情绪化、理想化的性质或成分。持这样态度的人，往往会以个人的意愿强求生活，对生活的复杂性、不稳定性等估计不足，也没有做好充分的准备。当生活出现艰难的时候，都会让他们感到出乎意料，他们拒不接受艰难和痛苦，无法理解它们是人生的合理部分，以致产生许多的惶惑、焦虑，以及各样的赌气、回避行为。

直面模式的辅导面对人性的两种基本倾向：第一是成长的倾向，它包括一个人成长的意识或意愿，以及他为了成长，为了成为自己，在艰难的人生境遇中所付出的努力。第二是受伤的感觉，是指一个人受了伤，因而心有余悸，因为怕痛，他采取各种回避的方式。"一朝被蛇咬，十年怕井绳"反映的就是这种情况，"蛇咬"即是受伤的经验，"怕井绳"即是在受伤的经验里发展出来的症状性恐惧。直面的辅导便是协助当事人在受伤中经历成长——虽然受伤，坚持成长。成长可以在生命各个层面进行，助人成长的辅导，包括让当事人对自己的伤有所觉察，而不是让它留在潜意识里，继续在暗中损坏，又悄然无声。对伤害的觉察不是要强化受伤的体验，而是要促成对受伤的理解。

有些人受了伤，会长期生活在受伤的体验里，自己对此却没有觉察。当他接受成长的辅导，他开始看到自己受的伤害，知道伤害在怎样影响他的情绪、认知、行为。他开始慢慢建立一种新的态度，这种态度可能是从一些提问开始，然后获得了领悟，形成了态度：人生可以免除伤害和痛苦吗？是的，我受了伤，但我一生就被注定了吗？我曾经受伤，现在我能改变什么？伤害影响了我的思考、情绪、行为，我可以做些什么来减少它对我的影响力，甚至把伤害转化为成长的力量？伤害除了具有损害的性质，它有没有意义？对我来说，它的意义是什么？

成长是多层面的，直面的辅导推动一个人在以下几个层面上获得成长：

（1）在本能的层面上调用自然的资源，同时不受欲望的控制。

（2）在情绪的层面上克服非理性的因素，发展出平衡与和谐的情感与美感。

（3）在认知的层面上合理使用理性的力量，并且与情感的本质达成协调，达致自我觉知的智慧。

（4）在精神的层面上培育出这样的生命品质，它不仅包含道德的意义，还走向真爱与真善，与神圣渊源建立关联，从而发现更高的意义，一步步实现对生活环境、对自身局限的超越。

生命要得到成长，需要发展出一些基本的成长能力，在直面模式的辅导中，我们促成当事人发展出以下几种基本能力。

第一是关联或联结的能力，也就是建立关系的能力。人在关系里存在，关系是人内心里的基本渴望。因为建立了关系，人获得了成长的资源；因为建立了关系，人获得了情感的支持。症状显示的一个本质就是，人陷入孤立，处于关系中断或隔绝的状态，也就是一种不成长的状态。

第二是抵抗或坚持的能力。人在成长的过程中，要获得成长，需要学会跟好的、有利于成长的资源建立关联。但是人要成为他自己，就必须学会去抵抗那些损害他成长的因素。因此，在他发展关联能力的同时，也要发展抵抗的能力，就是对损害性、破坏性的因素说"不"的能力。一个人为了获得成长而去建立关联，一个人为了成为他自己而去抵抗和坚持。

第三是成长的条件，我称之为分别或鉴别的能力。生活是我们成长的环境，其中充满了各样的因素，有些是有利于成长的因素，有些是不利于成长甚至损害成长的因素。

我们说生活具有复杂性、模糊性，意思是说，所有这些因素不是那么分明地标识出来，甚至存在张冠李戴的情况，如本来是伤害的行为却贴的是爱的标签，让人真假莫辨，难免感慨——爱，有多少伤害假汝名以行！因此，一个人要获得成长，他需要发展辨别能力。当他具有辨别能力，他就知道跟什么样的因素建立关系，跟什么样的因素斩断关联。

第四是成长的条件，我称之为超越的能力。人是一种有限的存在，但这不是对人的全部定义。人生活在有限里，但他有超越的渴望和能力。一方面他会受到各种因素的束缚，如环境、条件、认知水平、个人经验的局限，以至于他可能陷入某一件事情的负面影响和伤害里，甚至生活在琐碎的、缺乏感受力的状态里。他只生活在"此处"，并为此所限。但这不是他真正要过的生活。当我走进他的内心，我会听见他在要求过另一种生活，他要求生活在"别处"——那里有希望、期待、更高层面的精神追求。一句话，他不甘于此。这是一种超越的需求。当一个人意识到这种超越的需求，他也会有意识去发展超越的能力——超越伤害、经验、价值观、生活环境，甚至生物基因的规定性等，他要求更高的意义。

直面的辅导有一个基本假设：虽然有各样的艰难，各样的伤害，但人渴望改变自己，渴望成为更好的人，过更好的生活。总之，他要求成长。而直面的辅导，便是成长导向的辅导。借着辅导，我们跟当事人建立了关系，采用各种助人的资源，为当事人铺一条成长的路。

"一大堆人"

　　最开始产生对"一大堆人"的恐惧是在高考之后。那年，他的高考成绩是全市第一。去学校拿成绩的时候，他不想去，因为"害怕他们夸我，害怕他们说我为学校争了光"。后来实在推脱不过，只得硬着头皮去了。就在那天，他看到老师和同学聚集一起，"一大堆一大堆的人"在那里谈笑，这使他感到"十分紧张"。从此之后，他开始害怕任何有"一大堆人"的场合。

　　我曾经接待过这样一位当事人，他存在一种情境性恐惧，对他而言，最可怕的情况总是与"一大堆人"联系在一起。具体来说，让他感到最恐惧的是"有一大堆人看着我"。

咨询师：如果排一个顺序，你最大的困难是什么？

当事人：社交恐惧。

咨询师：在社交恐惧中，最让你害怕的是什么？

当事人：我最害怕从一大堆人面前走过去。

当事人第一次前来咨询，是因为遇到一件事让他难以抉择——他的哥哥要结婚了，按道理，他要回去参加哥哥的婚礼，帮助筹办一些事情；但是，按情绪，他实在感到害怕，因为这意味着他必须面对一大堆人。在平日的生活中，当事人会尽量回避任何会有一大堆人的场合——饭厅、会场、公司来人参观、同事约请吃饭，等等。当事人说："不管在哪里，只要有一大堆人在看着，我就不知道该怎么办了。"

症状显示的情况似乎是当事人害怕现实生活场景中的"一大堆人"，事实上，在他的头脑里存在着一个"一大堆人"意象，这个意象只要跟现实中的"一大堆人"搭上关系，就会让他受到威胁，感到紧张。现实中的"一大堆人"是无须去管的，当事人头脑中"一大堆人"的意象则需要认真去探索，特别涉及它是怎样形成的，在怎样影响着当事人。

于是，我跟着当事人的讲述，走到他幼年生活的村庄，看到那里的"一大堆人"，由这样的人组合而成——他自家的人、亲戚家的人、村里的人、外来的人、至今还活着的人、已经死去的人、现在还住在那里的人、早已迁徙他乡的人。接着，我又看到他离开那个村庄，去外面读书和工作，一路上不断遇到"一大堆人"加入进来——小学和中学的同学、大学的同学、单位的同事，以及在城市的街道和各个地方出现的人们。但是，当事人为什么会害怕他们呢？他抱怨说："到处都有一大堆人在那里看着，对我构成了巨大的威胁。这个世界，简直让人没法待下去了。"

这话听起来还是让人不懂，我们继续去探索，于是就发现了本文开篇提到的——高考后去学校取成绩单的情况。

"怕他们夸我"，这话听来奇怪，背后一定另有原因。我便去了解当事人的成长经历，发现他自幼是一个人见人爱、人见人夸的乖孩子，每个人都说他文静、乖巧、漂亮、聪明，还有，像一个女孩子。在他的印象里，"像一个女孩子"就等于"是一个好孩子"。他就真的在别人面前表现得很文静，像一个女孩子一样。父母一直为他感到骄傲，说他懂事，成绩好，天天坐在那里读书，不像别人孩子那样贪玩。妈妈带他出门，不管走到哪里，都有一大堆人跟在后面看他，都夸他有多好，都羡慕他的父母养了这样一个又乖顺、又漂亮、又聪明的孩子。他是当地的传奇或神话。

受到关注，被人赞赏，许多人求之不得，当事人的怕从何来？下面一段是当事人的自述，颇为耐人寻味：

> 每个人都说我乖，我就表现得乖，生怕露出一点不乖来。我走出家门，不管到哪里，都有一大堆人死死盯着我看，都夸我，后来我就变得越来越害怕被人夸了，因为我心里明白，只要我出一点点差错，就不知道他们该会怎么说我了……

到了这里，我们开始明白，原来当事人并非真的害怕一大堆人看他，而是害怕自己在一大堆人面前，哪怕有一点表现不好，就会受到一大堆人的嘲笑和指责，到底他们会说些什么，他也不确切知道，只是会那样害怕着。因此，真正的原因是他害怕自己在众人面前稍出差错，从此之后就不再被人关注，不再受人夸奖。但当事人自己并不能真正明白这一层，他以为自己害怕的就是现实生活中的一大堆人，并且在无意识之间把这种恐惧发展成一种症状。

症状背后的根由，总会给我们带来许多提醒。对孩子有适当的赞赏自然是好的，但过多关注、过多赞赏却会起到相反的作用。当事人从幼年时期开始，就一直被人追着看，被人赞美，所到之处就像一个明星，以至于他站在这个被所有人关注的地方下不来了，要努力让自己表现得最好，把最光彩的部分给人看，永远享受受人关注和被人夸奖。就这样，这个在别人的关注和夸奖中长大的人，一路过来，他会不断牺牲自己的真实，不断要求自己完美，每时每刻都要装扮自己，为的是给周围的人观看，好从他们那里得到喝彩。他的自我是一个演员，生活是他的舞台，他时刻都在舞台上的光圈中走动，台下的"一大堆人"便是他的观众，他不停地表演，享受人们的赞赏，又随时担心会出现不测，被观众喝倒彩。到了后来，他就跑到症状里，回避任何场合出现的"一大堆人"。

通过探索与分析，我在当事人身上看到症状形成的过程：最初的起因是当事人的幼年经验，其中他经历了一种原生恐惧，这种原生恐惧具有现实性，恐惧的对象是生活环境中的"一大堆人"。如果这种原生恐惧没有得到适当的处理，反而在后来的成长过程中不断受到强化，就会在当事人的内部形成一种无意识的恐惧。这种无意识的恐惧是虚幻的，它会使当事人不顾一切地去寻求绝对安全。这时，症状的形成就具备了充分的内在条件。古人云："万事俱备，只欠东风。"如果现实环境中有一丝风吹草动，这种无意识恐惧就会乘势从内部浮现出来，在现实中找到可以依凭之物，并附着其上，直到把它发展成症状性的恐惧，自此对之惊惧不已，急欲除之而后快，好让自己获得绝对的安全。这种态度表现在当事人对"一大堆人"的恐惧上面。

当事人相信，他害怕的对象就是现实中的那"一大堆人"，然而，这种恐惧是没有出路的：第一，他不可能消除现实中的"一大堆人"，生活中任何一个地方都可能出现"一大堆人"，让他防不胜防。第二，他只能选择躲避这个恐怖对象，避开生活中任何一个会出现"一大堆人"的地方，而这并不能帮助他消除恐惧，反而可能让他更加害怕。而且，他到底要躲避到哪里，躲到何时呢？而直面分析方法相信，症状的本质就是逃避，症状的出路就是直面。

直面的辅导将促使当事人在这些方面获得领悟：我到底在害怕什么？我为什么会害怕"一大堆人"？症状的本质是什么？走出症状的出路在哪里？从表面上看，当事人害怕的是"一大堆人"，但走到问题的深处，发现他真正是在害怕"一大堆人"对他做出评价，害怕自己不够完美，失掉众人的好评。幼年的成长经验在他的头脑里长出一个虚假观念：只有变得完美，才会获得安全。这种观念的力量如此强大，使他不顾一切地去追求完美，以满足内心那种无意识的安全需求。他一路追求而来，直到陷入症状。症状的本质原来是因为太想完美，所以害怕"一大堆人"。因此，最终领悟到，走出症状的出路是不再让自己变得完美，而是让自己活得真实。

114

成长无法逃避

　　直面的辅导，就是伴随当事人探索一条活出真实自己的路。只有当他成为一个真实的自己，才敢于面对和承认自己的有限，走下幼年经验铸成的神坛，穿越完美苛求的一路封锁，从他的内部走出来，敢于尝试，敢于犯错误，不再害怕"一大堆人"，反而能够走到"一大堆人"中间去。因为，他本人就是那"一大堆人"中的一员。

老吴的难处

老吴从年轻时起，就胸怀大志，相信自己能力很强，做个省长、市长总是没有问题的吧。但时光飞逝，二十多年一晃而过。老吴来找我的时候，还是单位里一名普通的员工。就在他身边，年轻人一茬一茬"蹿"上去了，成了他的领导，然后又调走了，成了更高一层的领导。而他自己，越来越成为一名无足轻重的老员工。第一次听到有人叫他"老吴"的那一刻，他心里颇不是滋味，又不能发作，后来也就习惯了。他就这样成了老吴。

我权且叫他老吴。老吴来找我谈话的次数并不多，往往是隔上几个月，甚至一年，或更久。每一次来，他谈的问题也差不多，说来说去，总觉得内部很有潜力，但"总像被什么东西缠住了一样"，就是施展不出来。心里急呀。

问及他在现实中有没有什么具体的奋斗目标，他说，如果不是被什么东西缠住的话，他还是可以建立一番事业的。至于是什么事业，也没有说出来，但省长、市长终究渺茫了。老吴说起这些，语气里有些无奈，内心很是不甘，情绪也颇窘急。

这天，老吴来访，说他现在面对一个重大事件，必须做出一个重大决定，想来一次快刀斩乱麻，把过去所有烦人的事一刀割掉，然后走自己的路。甚至说，如果这件事情处理不好的话，他以后就不会在我面前出现了。我听着，心里暗自推测，老吴怎么啦？

我开始做具体的了解，一件事情浮出水面。原来，老吴的父亲提出要过八十大寿。按这里习俗，过寿要提前一年，即过虚不过实。问题是，老吴的父亲今年78，却要提前两年过八十大寿，这让老吴困扰。如果只听到这里，我们要说，父亲要提前两年过，就让他过吧，何必为此烦恼不堪，把这当成生死攸关的大事？然而，一个人的烦恼，乍看总是因事而起，慢慢了解，才发现事情背后有更多的原因。

咨询师：你父亲为什么提出要提前两年过八十大寿？

当事人：至于为什么要这样，我也不知道，可能是我母亲的主意，也有我妹妹在里面瞎掺和。

咨询师：你父亲提出要提前过八十大寿，看起来你母亲和妹妹都支持，而你反对。她们为什么支持，而你为什么反对这件事？

当事人：如果不到时候，抢着去过，不等于是抢死吗？我们单位有一个同事，他父亲过八十大寿，也只是提前一年。我问过许多人，都说没有提前两年过的。

咨询师：为这件事情，你有没有跟父亲、母亲和妹妹商量一下，向他们表达你自己的看法？

当事人：我跟母亲吵了一架，我妹妹跟着进来跟我吵，我们吵得一塌糊涂。

过寿提前一年或者两年，看起来不过是一个形式，但对老吴却成了一个大是大非的问题，这背后一定有什么原因，我继续探索。

咨询师：可不可以这样说，你反对父亲提前两年过生日，是因为你觉得这样做不吉利，担心给父亲、家庭带来灾祸呢？

当事人（表示不是十分相信这个）：我对我妈和我妹说，这个时候，你们来凑什么热闹？现在正是汶川大地震的时期，你们到处瞎跑什么？瞎折腾什么？把这件事弄得沸沸扬扬？

咨询师：那么，你是觉得现在国家有难，父亲在这个时候过八十大寿，显得时机不太适当？

当事人：那倒也不是。

我继续探索，想找到老吴反对的真正原因。老吴讲起这样一件事来。

当事人：父亲老家的人打电话来，问过寿究竟定在哪一天？老家的人说，如果今年过，我们就都过来吧。其实，我们跟老家的人多少年不来往了。20多年前，我跟他们闹翻了，双方从此就没有了来往。这回，父亲要过生日，他们又要来了。我就怪我妈和妹妹，时间不到，你们招他们来干什么？

咨询师：你父亲在这件事情上态度是怎样的？

当事人：我父亲一辈子都听我母亲的。

咨询师：你为这件事跟母亲吵，母亲说了些什么？

当事人：我母亲说我不尊重她。

咨询师：你母亲和妹妹一起反对你，对此你有什么想法或感受？

当事人：事实上，这件事从头至尾都是我母亲和妹妹在做决定，决定之后，她们只是来通知我一声，一点也不在乎我的意见。她们就是这样，根本就不在乎我，从来都不体谅我的情况。再说，我今年的经济状况不太好，怕办不好，让人笑话，等明年我的经济情况好转了，好好来操办，就不行吗？

谈论至此，可以总结出老吴的几个反对理由：第一，凶吉观念；第二，违背习俗；第三，老吴今年的经济状况不好；第四，整个事情由母亲和妹妹决定，老吴觉得她们对他不尊重；第五，因为过去跟老家的人闹翻了，担心见面的尴尬。

分析发现，这几个理由，有不同的层面，第一、第二个理由很容易讲出来，是表层面的，第三个理由是老吴不大好意思讲的，但处在老吴的理性认知层面，第四、第五个理由则属于潜意识层面，是老吴和他母亲、妹妹都不大觉察得到，而这个层面的理由却是产生情绪、导致冲突的深层动机。

老吴最先会采用第一个层面的理由反对父亲在今年过八十大寿，激烈时也可以讲出第二层面的理由，但在这些理由的背后，还有一个潜意识的动机，就是保护自己受了伤的尊严，以及对过去造成的问题的回避。于是，在父亲过生日的问题上，双方在电话里进行许多次争吵，各不相让。

老吴：不是讲好的吗？明年过。

母亲：应该今年过。

老吴：我问过好多人了，没有人说可以提前两年过……

母亲：你总是问别人，你老娘讲的，你从来都不认账。

老吴（又一次把电话摔了）：……

在面谈室里，我问老吴："你觉得你和你母亲只是在关心父亲生日是今年过还是明年过的问题吗？"

接下来的讨论发现，在这件事情上，老吴很在乎母亲和妹妹不跟他商量就做出决定，这损伤了他的自尊心。同样，他母亲关心的是他从来都不肯听听母亲是怎样想的，她坚持要今年过，也涉及的是一个自尊心问题。因此，表面上看，双方在争论父亲什么时候过八十大寿的问题，但双方内心里都很看重"对方是不是把自己放在眼里"的问题。

咨询师：另外，你母亲一定要在今年给你父亲过80岁生日，会不会还有其他的想法，你有没有尝试问一问她？

当事人：我不知道她会有些什么想法，我们之间从来都不讨论。

咨询师：我想鼓励你去问一问，这样至少会带来两个好处。第一，让你母亲觉得你体谅她、尊重她；第二，真正了解你母亲的想法。例如，这些年来，你母亲一直照顾你父亲，对父亲的身体状况可能更了解一些。人老了，能活多久也很难说。如果你父亲有这个心愿，而你母亲提出今年过，也许怕来日不多，帮你父亲了结这个心愿，不要留下遗憾。还有，你父亲离开老家几十年，对故土亲友有感情，老了，就想跟过去的人见见面。加上20多年前发生一场争吵，产生误解，有了隔阂，或许你父亲想借这个机会，在有生之年化解恩怨……

当事人（语气缓和了许多，叹了一口气）：你说的这些，我倒真的没有想过。

咨询师：人老了，我做一个假设或许不算过分，如果你母亲就依了你的意见，而你父亲没有等到明年，突然去世了，没有机会过他的八十大寿，如果发生这样的情况，你会有何感想？

当事人（想了想）：这一点我确实未曾想过……如果发生那样的事，我真的会感到后悔。过去，我只对我母亲和妹妹说，父亲的生日只能明年过，不能今年过。我母亲和妹妹说，就要在今年过，不能明年过。我对她们说，今年不过了，明年也不过了，不如把筹办生日的钱捐给灾区，牺牲小爱，成全大爱。我妹妹对我说，地震之后，大家都想开了，你怎么还抱着过去的东西不放？她的意思是说我顽固不化。不过现在想起来，今年过也是可以商量的。

面谈到了这里，可以看到，老吴反对父亲今年过生日这件事之后的隐情，分析起来，有以下几个层面的因素：

事件因素。父亲过八十大寿的日期问题。这是问题的焦点，争论围绕这个焦点进行。但是，如果只在这个层面上吵来吵去，永远都不会有一个结论，却总会有一个结果损害关系。

观念因素。如当事人提出"抢死"的观念。但细究起来，这似乎并不是最关键的因素。当事人对之相信的程度并不很高，这些观念因素只是用来作为辩论的理由。还有一个观念因素是，老吴认为别人都不这样做，自己跟别人不一样，会显得不正常。

个人因素。如老吴的家庭经济条件不太好，他担心花钱太多，妻子不满意。他之所以建议明年办，只是为了缓解一下当前的经济压力。这里还涉及老吴的面子。长期以来，老吴习惯于从面子出发，对人对事做出解释与反应。在这件事上，母亲和妹妹没有跟他商量，损伤了他的自尊，因而拒不合作。老吴坚持明年办，甚至干脆不办，是借此要求得到尊严、面子、主权上的补偿。

历史因素。20多年前，老吴年轻气盛，与老家来的亲戚发生了争吵，闹得不欢而散，双方自此不相往来。后来老吴意识到当时的举动是"有娘养无娘教"的行为，但要在 20 多年后重新面对，那该是怎样的尴尬，老吴潜意识里想阻挠这件事情的发生。

在这层层因素的背后，反映的是一个逃避与直面的问题。因为父亲过生日，牵扯出老吴内心和生活中的许多隐情，老吴的第一反应是逃避，试图用所谓"快刀斩乱麻"的方式，把这些烦心事转移掉、回避掉，甚至想到离家出走做和尚，从此不管凡俗事。这些是逃避。通过一场面谈，我跟老吴一起从表象往本质里走，发现事情关系到下面的层层因素，老吴开始面对自己内心的真相，并且决定采取好的行动，去跟家人沟通，去面对老家亲友，去承担自己的责任，帮助父亲完成一个心愿。这些是直面。

同时，借着这件事情，老吴开始反省自己的生活，看到长期以来缠绕他的内在束缚，以及它们以怎样的形式局限着他的发展。他意识到，一个人能够觉察事物的深层根源和自身的内在动机，敢于打破面子的局限，就能更好地发挥自身的潜能，过自由、通达的生活。老吴不再关心他能否当上省长、市长，而开始关心他在怎样的层面上获得对自我的觉察，活出真实的自己。

成长的四个层面

　　西方人特别赞赏汉语中"危机"（crisis）一词，常用它来说明生命成长的情形——危险与机遇并存。生命本身就是一场冒险，每个人都在生理、情绪、理性和精神层面上经历各样的危险，从中发现机遇。这就是成长。现在，让我们每个人由此观望，在生命的每一个层面上，你有哪些资源，你在怎样利用这些资源对生活做出反应。你的反应，决定你是谁，你在过怎样的生活。

生理层面

　　一个人出生，仅从表面上看，是宣告一个生物的事实。但人不只是生物，他有高于生物的意义或者有生理层面不能涵盖的情绪、理性和精神的潜能。如果只看到人的生理层面，我们看到的只是不自由和不平等。因为，一个人生或不生，生于此或生于彼，不是出于他的选择，而且，生物意义的存在本身就是不等同的条件比值。但是，甚至在一个人出生之前，他就已经被赋予了超出生理层面的价值，因此，如果一个人依据生物条件而看低另一个人的价值，那不仅是歧视，而且是低级的歧视。

直面心理咨询的最基本伦理就潜伏在这里：一个人值得尊重，不是因为他家庭出身如何，相貌如何，道德发展如何，对人类贡献如何；他值得尊重的唯一理由，就是他是一个人！作为一个人出生，作为一个人活着，作为一个人死去，他不只是一个生物意义的存在，他还是一个情感的存在，一个智慧的存在，一个心灵的存在。

说到人的生理层面，会涉及一个基础性的方面，就是他的本能。通俗地说，本能就是生命要存活和延续的基本要求，本能的需求，具有基础性的价值，需要得到适当的满足，这是成长的基本条件。在生命早期，婴幼儿充分享受他的本能资源，使他在生理需求上得到适当满足，对他不仅具有生理成长的价值，还具有情感成长、智力成长和精神成长的价值。

西方发展心理学家埃里克森假设，对于一周岁之前的婴儿来说，成长的中心任务就是建立一种基本信赖，这种基本信赖得以建立的条件是照料者对他的身体需求给予适当的、有质量的满足，而这会为他日后的人格成长奠定一个基础。例如，在婴儿身上养成这种基本信赖，有利于他在日后跟人建立信任关系，并且从中发展出爱、关怀、互助等精神品质。

本能还有许多基础性的资源，包括在遇到危险时，让我们做出最迅速的应激反应；在某种紧急关头，我们可以从本能里支取回应的资源，如急中生智。我们甚至可以说，在整个人生发展历程中，本能需求是不可轻视和忽略的，对之过度压制或过度剥夺，不仅会造成生理层面的损害，还会阻碍人在情绪、理性和精神层面上的成长。

本能的目的是维护生命个体的基本生存与延续，但从存在的意义上来看，人的本质并不在这个层面。人生成长的进程是从本能出发，沿路开发生命各个层面的潜在资源，朝着精神或心灵的境界不断迈进；一个人越是接近他自己的精神或心灵，他就越是趋近于本真的自我。从这个角度来看，生物层面是成长的基础，也是成长需要超越的层面，如果一个人停留在这里，他便处于"成长停滞"或"逃避成长"的状态。生活中有些人，他过多停留在生理层面，生命的其他层面未能协同发展，给他造成各样的失衡、断裂和变异，使他沦落为靠本能对世界做出反应的人，成为各种类型的失败者和罪犯。

某些类型的心理异常，反映出来的本质便是当事人滞留于婴幼儿状态（弗洛伊德称之为"退行"），其症状不过是要求满足其本能需求的扭曲或变相的表达方式。造成这种情况的原因相当复杂，如一个人在成长过程中受到溺爱和过度保护，他的所有需要都会得到满足，他的生活经验却受到严重限制，以致他只能跟从本能而行，毫无节制地向生活提出要求。如果他的要求得不到满足，他就会虐待自己，虐待他人，或同时自虐与他虐。相反，如果一个人在成长过程中，他的合理需求受到严重剥夺，也可能造成他以极端的方式追求本能的满足。这样的人在自我成长上是残缺的、片面的，他们行为的目标是满足自己的私欲，最后把自己沦为本能的牺牲品，过着低品质的生活。

情绪层面

情绪与本能比较接近，特别是某些原初性的基本情绪，如愤怒、恐惧、愉悦等。这些情绪往往是从本能里产生出来的，是与生俱来的，它们在我们的生命里扎根很深，对我们产生很深刻的影响，成长不容易，包括我们需要处理这种原初的情绪。

我们会发现，婴幼儿基本上是用原初情绪对环境做出反应，这种情绪反应具有自然和纯真的性质，在婴幼儿童

128

身上表现为天真可爱。同时，这种情绪也是自发的、冲动的、粗糙的，因此，我们又在婴幼儿童身上发现这样的表现：要求事情必须十全十美，符合自己的心愿，要求自己的欲望必须立刻得到满足，否则就乱发脾气，责怪他人，伤害自己，执迷不悟，重复错误，沉溺于某种有害身心的事物，甚至我们从小孩子不管不顾的情绪表现里看到一种自我毁灭的冲动。

然而，情绪里也有情感和理性的导向，这是人情绪成长的方向或目标。因此，人可以在情绪层面上获得成长，因为他的内部有成长的渴望，他的环境中有养育者的引导与支持，他在生活中已经发展了自己的经验，在这个基础上，他开始了解自己的情绪，开始对之进行梳理和调整，开始让自己的行为逐渐脱离负面情绪的控制，也渐渐从情绪里发展出情感，如爱、同情、关怀等。

情绪是情感的基础，情感是情绪的升华。我们看到，在原初情绪里，人更多关注自己，当他从情绪走向情感，他对生活有了新的反应方式，他的关注渐渐从自身转向他人，他跟人建立了深层的互动关系，并且发展关怀与互助的情感和行为能力。

但是，在情绪层面上未能获得成长的人，会过多用情绪对生活做出反应。他不知道自己的需求，也不知道自己的目标，或者说，他的需求和目标只是满足自己，过得快乐。而且，有些人要求生活每时每刻都过得快乐。结果他把自己变成了最不快乐的人。原因很简单，他的生活中只要出现一点不合自己心愿的事，就立刻变得很不快乐了。他不愿接受生活的艰难性质，也不能合理享受生活中的快乐部分，一路走来，他不断糟蹋自己生命各个层面的自然资源，使那些本来可以让他快乐的条件一点一点剥落下来。

在直面的观察里，某些类型的心理症和精神病患者，以及生活中许多盲目的失败者和偏执的痛苦者，存在一个共通的情况：他们的行为总是受某些原初情绪的驱动。例如，他们受到无意识恐惧的驱使，感到四周都不安全，不顾一切地在生活中寻找绝对的保障。他们总对事情做出可怕的预测，为了消除系统中一个假想的安全隐患，他们会把整个系统翻个底朝天，甚至不惜破坏系统。他们这样做是因为受制于内心的恐惧情绪，他们这样做的目的是给自己带来一些安慰。最后，他们的成长进程停顿下来，拒绝参与生活，躲在"病"中，成了自己最不想成为的人，过上了自己最不想过的生活。

理性层面

受情绪支配的人要求生活必须是快乐的，但受理性主导的人能够接受生活是艰难的。前者为自己制造出许多不必要的痛苦，后者则不断在生活中创造幸福和价值。在理性层面上获得成长的人，主要用头脑生活，他们知道自己的需求，有明确的目标，会脚踏实地做事，通过一套适当的途径来满足自己的需求和实现自己的目标。他们能够管理自己，包括管理自己的本能与情绪。他们能够对人对事做出判断，对事物的结果做出预测，他们既不把事情灾难化，也不对生活盲目乐观。他们对人生困难已经做好了准备，当情况不利的时候，他们有耐心去化解其中破坏性因素，发掘环境中的建设性资源。当事情变得顺利的时候，他们充分利用机会做成各样的事情。那些充分发展了理性的人，能够充分利用自身与环境的各种资源，他们成了这个世界上各个领域的成功者。或者，即使他们是生活中很普通的人，也能够充分利用自身的现有条件，更好地发展自己，过更好的生活。

理性里有医治的因素，对人生成长产生作用。我曾接待过一位存在严重抑郁问题的人，他对生活采用的是情绪化反应，一遇到困难就习惯性地躲回家里，躺在床上。在治疗过程中，我通过提问的方法，一步一步把他推进到理性的层面，并且要求他站在理性的层面对那个躺在床上的情绪自我发问："我为什么要躺到床上？""我躺在床上能让生活变得好起来吗？""有没有比躺在床上更好的方

131

式呢？""如果有的话，我为什么要躺在床上？"通过这样的发问，他自己可以调用自己内部的理性力量，对长期控制自己的情绪做出挑战性的驳斥。

在许多情况下，当不好的事情发生的时候，我们的第一反应往往是情绪化的，但我们需要提醒自己，不要轻易跟从第一反应来处理事情。在直面的方法中，我们强调一种"stay"（停留）的能力，即在我们对事情做出情绪化反应（常常是逃避）的过程中，我们可以停留一下，等待理性慢慢浮现出来，从而做出回应，这个停留的时刻，就是我们成长的时刻。那些随着第一反应就跑掉的人，不能在事情里成长。我曾经要求我的儿子在对一件事情做出初级情绪反应之后，继而做出五个理性反应的选择。在我的帮助下，他把这件事写成一篇作文，叫《爸爸的宝贝》：

妈妈给我买了一块表，我喜欢极了。但有一天，阿姨收拾房间，把表弄掉在地上，摔坏了。我回来后，哭着闹着，不依不饶。

爸爸知道了发生的事后，走过来对我说："我儿，现在我问你几个问题，如果你回答对了，我会送你一个神奇的宝贝。"

我想了想，说："好吧，你问吧。"

爸爸："阿姨把表摔坏了，除了大吵大闹之外，能不能另外想出五个解决办法？"

我说："再去买一个表。"爸爸掰下第一个手指。

我又说："把它修好。"爸爸又掰下一根指头。

接下来我又说出三个选择：让阿姨赔一个表；算了，反正已经坏了；扔掉它。

爸爸的五个手指都掰下来了，看着我，点点头，说："你能不能在这五个选择里找到一个最好的？"

我想了好一会儿，说："去修好它，既可以用，又可以省钱。"

爸爸说："嗯，很好！"

我于是向爸爸伸出手，说："神奇的宝贝在哪里？"

爸爸说："我儿，以后遇到麻烦的事，你可以想出五个解决方法，然后从中间挑出一个最好的。这就是爸爸送给你的神奇宝贝。"

我向爸爸大喊："这有什么神奇的呀！"

爸爸说："这个宝贝很神奇呀，你看，它一下子就让你长大了。"

但也要提醒，理性层面并非总是资源与机遇，那里也隐藏着困难与危险。有时候，来自本能的、情绪的力量太过强大，跟理性的力量形成对抗，因为二力对等，对抗长期不得开解，就变成了心理的症状，如强迫症等。有时候，

133

一个人过度压抑自己的本能与情绪，过于追求标准化，可能会形成僵硬而刻板的理性，就变成了个性上的阻碍。在人类历史文化中，有些过于强硬的理性，如同钢铁一般，给人类造成深重的损害。这样的理性并不是真正的理性，因为它不顾惜人性，为了达到目的而不择手段，把人当作实现个人成功或建立千秋功业的工具。因此，一个人要在理性层面获得真正的成长，还需要合理调用他的本能、情绪、思想和精神的资源，在自己的生命里发展出真正的理性。

精神层面

精神层面是高于本能的、情绪的和理性的层面，但并不与它们脱节或割裂开来，反而跟它们建立协调的关系，统合这些层面的有利资源，并对这些资源进行最合理、最有意义的调用和提升。例如，本能层面依然是一个人精神成长的基础，只是这种成长需要使用本能资源里最合理的部分；当情绪层面上好的部分被统合到精神层面的时候，变成了爱、同情、关怀、宽恕、奉献、牺牲等伟大的情感；当理性层面上的丰富资源被提升到了精神层面时，便构成了智慧、觉察、境界等高品质的精神资源。

有意识在精神层面上成长的人，主要用心灵对生活做出回应。他们的关注不再驻留于人与事的表面现象，而是提升到对存在的根源、本质和终极目的的追问；他们不只追求生活层面上的快乐和价值，而是进入生活的深层面，包括从苦难里去探索生命的意义。他们在一定程度上突破了个人的局限、团体的局限，开始把自我融于人类的共同体，甚至与某种超然的精神本体建立了关系，因而对现实生活境遇具有一定的超越，在本质的精神层面上说话。

我们大体可以这样说，人们在本能层面追求生存；在情绪层面寻求快乐；在理性层面追求力量、价值和信念；到了精神层面，他们开始进入自我的本质，开始建立精神的信仰，开始发现生命最丰富而高尚的资源，并且最充分地使用这样的资源，不只为了让自己获益，更通过投身于让他人得益的过程，从而充分实现自己。

但精神层面的成长也是一场危机，其中的危险在于生命的各个层面都是相互联系和相互作用的，一个人在生理、情绪和理性层面上发生成长受损的情况，如遭受的伤害、导致的破碎、出现的失衡等，会影响他在精神层面上的成长，严重时会导致他的心灵成长转向精神虚妄。本能的异常可能造成人的生存问题，情绪的异常可能造成人的心理问题，理性的异常可能造成人格问题，而诸多层面的各类异常可能导致人的精神问题。

直面的经验发现，各种类型的心理异常总是从生命各个层面的残缺和损害中生长出来的。例如，遭受损害的自我更容易受过度不安全感的驱使，表现为极端苛求完美的行为，要求自己完美，要求世界是天堂，但这不是真正的精神追求，而是精神扭曲的表现。在直面的理解里，完美不属于世界，而是属于上帝，一个人在生活中苛求完美，不啻缘木求鱼。

精神虚妄有诸多表现，或者表现为朝本能退行的幼稚行为，或者表现为受情绪控制的非理性行为，或者表现为受极端理性支配的机械行为。精神异常有一些本质特征，或者反映为一个人只关注自己，不能关怀他人；或者反映为跟世界失掉了有意义的关联，他变成了生命的封闭体；或者反映为他处于强的欲求和弱的自我之间的冲突。他就这样带着各个层面遗留下来的问题，在生活中挣扎着，他不是在迈向真实的自己，反而发展虚幻的自我；他越来越丧失直面真实的能力，习惯于从虚幻里获得安慰；他不是接受心灵的引导在坚持成长，而是受到潜意识的遮蔽而逃避长大。

精神层面上获得成长的人，拥有生命各个层面的健康资源。他们有本能的欲求，却不受本能的控制，反而善于利用本能，让生命自然而有力；他们也会有情绪，却真实而适当地表达情绪，因为没有过度压抑自己，因而不会受到情绪的左右，反而让生命拥有充分的自发性和创造力。

他们的自我是整合的，而不是破碎的，他们有独特的自己，又把自己看作是人类中的普通一员，他们能够同时关心自己和他人的需求；他们不求事事称心如愿，反而时时节制己身，因势利导；他们对人对事做出回应，靠的是对生活的理解和把握，靠的是对生命经验的反思与总结，靠的是从理性里提炼出来的智慧，靠的是从情绪升华出来的情感，如爱、怜悯和关怀。

他们看到人的局限，但对之有充分的体谅；他们对人的处境有深切的悲悯，但不会感到悲观和绝望；他们能够做到宽恕，但不是因为害怕强权；他们看重直接的经验，但不囿于自我的经验；他们关心后果，但不会杞人忧天；他们追求觉知，但不要求全知；他们能够明察，但也能承受暧昧；他们关怀和帮助他人，但不是为了自我标举。

他们追求圣洁的生活，但也能接受自己会犯错误；他们要求成为更好的自己，但不苛求自己完美无缺；他们是自由的人，却承担责任；他们是独特的人，也是普通的人，他们就生活在我们周围，看上去毫不起眼……或许，现在的你，正在沿着一条生命成长的路朝这里走来，正在变成他们中间的一员。

直面的四种能力

人性里有两种基本倾向：一是逃避，二是直面。逃避是本能的要求，是个体维护生存的基本应对策略，但过度的逃避却会给生命造成损害和阻碍；直面则反映成长的渴望，是生命成长需要具备的条件。生命要成长，需要有能力，主要包括四个方面的能力：关联能力、拒绝能力、分辨能力、超越能力，它们伴随着我们的心在经验里一起长大。

关联能力——联络的心

人生活在这个世界上，首先就是一个关系的事实。人一出生，因为得到母亲的爱、关怀和照料，他才得以存活。同时，他从被爱、被关怀和受照料的经验里发展出爱的能力，能够爱自己，也能够爱别人，并能够接受他人的爱。

因为得到爱的关怀和照料，他对自己母亲产生一种信赖，这信赖里又包含着一种自信。弗洛伊德说："被母亲深爱的孩子，终其一生都有一种得胜感。"这里的"得胜感"，是指一种"我能行"的感觉，一种自我确认的价值感，他的生命经验告诉他，"我是被爱的，所以是有价值的"。

相反，如果一个人缺乏被爱、被关怀的经验，他的内心会产生一种不确定感、不安全感，他的内在价值感受到一定的挫伤，好像是说，"没有谁在乎我，因此，我是没有价值的"。这进而可能对他的生活造成这样的影响：不管他享有多少价值条件，也不感到自己有价值；不管他拥有多少幸福条件，也不会有幸福的体验。

在直面的经验里，我们考察心理症状的根源，常常在一些人身上看到一种反差，他们拥有很好的现实条件，但自我评价却非常低，以至于把自己描绘成"一只臭虫""垃圾""蛆"。因为不能适当地确认自己，他们的生命里有一种无所关联的飘零之感，对生活产生有一种弥漫性的疑虑，在行为上表现出过多的自我防御，小心翼翼地保护自己，担心遭到拒绝、遭到伤害。甚至，他们会躲在"病"中，不与周围的人建立关联，不愿面对生活的困难。

关联是一个渠道，它为生命成长提供资源。生活中有各样的关联，首先，一个人需要与自己建立好的关联，这样，他的内心里就长出积极的自我概念，他在生活中能够接纳自己，接纳别人。心理问题反映出来的一个本质，就是一个人跟自己没有建立好的关系，他不喜欢自己，看不起自己。一般会认为，存在心理障碍的人是"太爱自己"，因为他总是关注自己。但走到更深一层来看，他们是"太不爱自己"，才如此折磨自己。

另一个很重要的关系，是一个人需要跟他人建立关联。人际关系的根本是信任与合作，通过人际的关联渠道，一个人获得了成长的经验，创造价值的乐趣，享受亲情、爱情、友情等。但是，心理困难会阻塞这个关联渠道。

在直面的经验里，许多人在关系里受到伤害，不能用自我肯定的方式表达自己的思想和情感，从而导致更多人际的挫伤；他们内心里渴望关系，在生活中又害怕关系，出于防御，他们会不断逃避关系，最后就陷入了孤立，形成了症状。

还有一个很重要的关系，但人们常常忽略了它，就是跟自己的生活环境建立关联，通过这个关联，人可以领略自然，获得自由，融入人文的和谐，享受生命的智慧与美感。心理症状反映出来的本质是：人失掉了跟自然的关联，因为曾经遭受来自环境的强迫，后来就生活在自我强迫的状态里，他们的感受里充满了焦虑、担忧，觉得世界有这样、那样的问题，但他们不知道"人对了，世界就对了"，他可以在自己的生活环境中通过好的选择，创造自己的生活。

阿德勒强调人的社会兴趣，其中最重要的就是合作能力。人生要解决三大问题：职业问题；社会关系问题；恋爱、婚姻和性的问题。而这三大问题其实都需要建立关联，都需要通过合作的方式来完成和实现。在这三大问题上，无法建立关联的人，会成为生活中各种类型的失败者，其中包括神经症者。

在波士顿的威尔斯利女子学院里有一群女性心理学家，她们发展出一种关联心理学。在她们看来，心理症状的本质就是"关系断裂"的状态，而心理治疗就是帮助当事人修复关系，把破裂的部分重新连接起来，从而发展出一个"关联的自我"。根据直面的经验，心理症状背后的根源总是关系的伤害，而心理症状又总表现为关系的障碍；而直面的医治，就是协助当事人恢复其关联能力，从而获得更好的成长资源。关系里有成长的资源，有医治的力量，当一个人在关系里建立了自己，他的生命就像"一棵树栽在溪水旁，按时候结果子，叶子也不枯干"。

建立关联，需要我们有一颗联络的心。

拒绝能力——勇敢的心

生命成长需要关系，但仅有关系是不够的，人可能在关系里迷失自己；生命成长需要顺应，但不是随波逐流，人必须坚持自己。因此，人需要有关联的能力，也需要发展出一种拒绝的能力。我们讲的关联是说一个人要有意识地与有利成长的资源建立联系；我们讲的拒绝是指一个人要敢于拒绝那些破坏成长的因素。建立关系需要有一颗联络的心，敢于拒绝需要有一颗勇敢的心。

埃里克森的人生成长理论显示，生命成长的每一个阶段都是一场正负两种力量的较量，正方（促进成长的因素）胜了，生命得以顺利成长；负方（阻碍成长的因素）胜了，生命成长受到限制。成长是一场冒险，我们因一颗勇敢的心，去经历生命过程中各种危险的处境，去抵抗那些损害性的势力，从而赢得自我成长的机会。生命成长的目的是成为独特的自己。没有人可以变得完美，但每一个人都可以成就独特。拒绝能力的操作定义是一个人为了成为自己而敢于挑战和抗拒生活中那些否定、贬损他的势力。他知道自己是谁，因而他坚持长成自己。

在这个世界上，一个人要成为自己，不是一件容易的事。自出生之日起，他就进入一个充满各种文化因素的环境，其中有些是促进生命成长的，有些是损害生命成长的。

生命成长包括拒绝能力的成长，它包括两个方面：第一，他在寻找"我是谁"；第二，他在坚持"我是谁"。

在我们的成长过程中，周围的文化随时都在对我们说话，所谓拒绝和抵抗的能力，就是敢于对其中的负面因素说"不"的能力。生命成长的重要部分是拒绝能力的成长，它要求个体为了成为自己，必须准备随时随地投入战斗。如果不战斗，自我不能得到充分建立，反而受到不断削弱，甚至导致自我丧失。

这里引用鲁迅的两句诗："横眉冷对千夫指，俯首甘为孺子牛。"前一句是讲拒绝能力，后一句是讲关联能力。关联能力发展得很好，一个人会"俯首甘为孺子牛"，这也是爱与关怀的能力；拒绝能力发展到成熟的境界，一个人才能做到"横眉冷对千夫指"，也就是一种坚持自己的能力。这里的"千夫"可以象征一切损害自我成长的因素，这些因素包括有人对我们说"你是疯子""你没有出息""你没有什么价值"。

直面非常强调拒绝能力，因为它非常重要但又容易被忽略，且不大容易做到的。根据直面的经验，拒绝能力往往是当事人身上薄弱的一环。心理症状在他们身上总显示为这样一种鲜明的对照——强的欲求与弱的自我。具体来说就是，他们内心里有强烈的欲求，但没有建立起拒绝的能力；他们过于考虑外在的社会要求，不断放弃内心的价值需求。他们为了关系，而牺牲自我，在人际关系中过多忍受，不能用适当的方式表达负面情绪，对不正当的要求不能说"不"，不能维护自己正当的权益，害怕得罪人，害怕失掉朋友，表面上勉强自己做"好人"，内心积累了许多怨气，他们对人不信任，有敌意，跟人建立的只是表面的、疏离的关系。

直面的治疗方法，有一个根本之处，就是协助当事人建立拒绝能力。世界上会有各种声音在对我们说话，其中有好的，利于成长的，我们与之建立关系；其中有负面的，损害成长的，我们对之加以拒绝。特别是当我们遭遇挫败的时候，那些负面的评价更容易进入我们的内心，使我们觉得自己不行，以至于选择逃避和放弃。当一个人发展出拒绝的能力，他就越来越能够确认自己是谁，了解自己的需求，坚持自己的信念，克服负面力量的影响。

我想到英文中的一个词叫"outstanding"（优秀、杰出），这个词的组合颇有直面的意味。我认为如果一个人要变得 outstanding，他必须勇敢地 stand out（站出来）；一个人出于安全，总把自己掩藏在人群里，要跟所有的人一样，他最终不能成为自己。从这个意义而言，直面的路其实是一条成为英雄的路，而拒绝能力是让一个人成为自己、成为英雄的生命条件。

分辨能力——智慧的心

我们这样描述生活的这个世界，它是一个生命成长的文化环境，其中充满了各样的观念和行为，这些文化因素大体可以分为两类，一类是促进成长的，一类是阻碍成长的。问题在于，这两类文化因素并非一一贴着标签，让人一看立刻明白。世界不那么简单。复杂的情况包括，有些因素贴了标签，但名不符实，甚至名实完全相反；有的标签贴的是"好"，里面装的是"坏"，有的标签写的是爱，卖的却是伤害；还有一些因素，在它们的第一层你看到爱，到了第二层你看到伤害，但再深入下去，你又看到爱依然存在；也有一些因素，它们在此时此地显示为正确，到了彼情彼景，又变成了谬误；更多的情况是，在许多的文化因素里，好与坏、爱与伤害混在一起，让人难以辨别。

这就是我们生活的世界，这就是我们成长的环境，我们要在其中获得成长，就需要发展出分辨的能力，从而不被世界的纷繁物象所扰乱。而且，我们的辨别能力还要与时俱进、与物俱新，不断对新情况做出新的理解和阐释。

分辨能力的成长是生命成长的重要部分。如果没有发展出好的分辨能力，成长就会受到阻碍。而分辨能力往往是从经验里长出来的，有些父母总是担心孩子犯错误，会过度保护孩子，对孩子包办代替，使他们缺乏直接的经验，这种分辨的能力就发展不出来。在生命早期，我们的辨别能力停留于表面与喜好，如好看与不好看，好人与坏人，喜欢与不喜欢。随着我们长大，我们看到一些新的情况：一件事情有好的方面，有坏的方面；一个好人有缺点，一个坏人有善良，以及我们喜欢与不喜欢不是好坏善恶的标准。

当我们的分辨能力真正成熟，我们就进入更深层面的判断。鲁迅曾经评价陀思妥耶夫斯基对人性善恶的拷问与刻画："不但剥去了表面的洁白，拷问出藏在底下的罪恶，而且还要拷问出藏在那罪恶之下真正的洁白来。"到了这里，辨别能力已经深入灵魂的深度。

分辨能力不仅用于对世界和他人做鉴别与洞察，还用于自我探索和自我省察，这时就成了自我觉知的能力。人生有不同的觉知层面，高觉知的人知道自己是谁，知道自己在做什么，以及行为背后的动机，知道自己要到哪里去，以及怎样到那里去。有人说，人生如梦，这是从觉知的角度对人生发出的感慨，或者意指生命短暂，倏忽如梦，或者意指世事莫测，模糊如梦。的确，在生命成长过程中，会有一些东西把我们带入恍然若梦、真假莫辨的状态。

在直面的经验里，症状就如同一场梦魇，当事人在里面挣扎着，长时间走不出来。例如，当一件不好的事情发生了，一个人沉浸在对事件的受伤感受和错误阐释里，不能从事件的损害里走出来。这时他就在一场噩梦里。许多人就生活在他们各自的梦魇里。例如一对夫妻几十年互相伤害，生活变得越来越没有希望，但谁也不愿意做出改变。他们就这样生活在自己的梦魇里。每个人的生命里都有盲区，症状就驻扎在这些觉知没有到达的地方，如同做了一场虚妄的梦。当一个人待在症状里，他无法分辨什么是他应该承担的，什么不是。因为承担自己不该承担的，让他感到痛苦；因为逃避本该自己承担的，让他感到内疚。当一个人待在症状里，他无法分辨什么是可以改变的，什么不是。因为把精力花在改变不了的事上，他白白浪费自己的资源；因为对生活中可以改变的不去改变，他在躲避中荒废着自己的生命。其症状的本质就是——一个人受盲目而无意义的苦，因为他不分辨。

　　一个人在分辨能力上获得成长，就如同沿着觉知的台阶拾级而上，一步一步走出虚妄的梦境。鲁迅曾用一个铁屋子的比喻来表达这个意味：在一间铁屋子里面，许多人昏睡不醒，做着虚妄的梦，他们与真实的世界隔绝了。如果不去唤醒他们，他们会一直昏睡下去，直至闷死。如果前来唤醒他们，他们醒来之后，发现外面没有出路，反而会在绝望和痛苦中死去。但也有另外一些微弱的希望或可能，即唤醒他们，大家合力打破这铁屋子，从里面走出来。鲁迅做出了自己的选择——敲打铁屋的门，向被困于铁屋的人发出呐喊。

心理症状如同铁屋，直面的医治就是铁屋前的敲打与呐喊，让铁屋内的当事人醒来，内外一起合力来拆除这间铁屋，解放自己，走到更开阔的生活中去。这拆除铁屋的工作包括，协助当事人提升他分辨与觉察的能力，用新的眼光去看症状、看生活，对发生的事件做出新的解释，对自我有新的理解，在生活中发现新的可能，并且采取行动，走到生活中去，获得新的经验。这时，他知道该做什么，并且敢于去做。这正如尼布尔所说："我祈求上帝赐我一颗勇敢的心，让我去改变可以改变的；我祈求上帝赐我一颗平静的心，去接受不可以改变的；我祈求上帝赐我一颗智慧的心，去分辨什么是可以改变的，什么是不可以改变的。"这段话里充满了分辨的智慧。

超越能力——盼望的心

因为有了关系，我们获得成长；因为能够拒绝，我们正在长成自己；因为生命里长出了分辨的能力，我们越来越了解世界和自己，打破各样的禁锢，获得生命的自由，在生活中做出选择，获得成长的经验。但这还不是生命成长的全部。

人生活在这个世界上，并不完全属于这个世界。人并非完全受制于有限的现实与自我，他还有超越现实与自我的渴望和力量，能够看到现实之上的可能性，能够看到自身潜在的能力，能够看到问题背后隐藏的资源，能够看到苦难深处蕴含的意义。这种"在不可能中看到可能""在不好中看到好"的能力就是超越的能力。当一个人发展出这种超越的能力，他的生命就有了一个超越性的目标，在朝这个目标奔跑的每一步里，他不断实现着自己。这里有生的意趣和动力。

生活中许多人缺乏超越的能力，完全生活在现实里，看不到其中的可能性。他们不断对自己、对他人说"咳，生活就是这样子的""你还想怎样呢""我就是这个样子的"。这时，他们处于停止成长的状态，生命被封闭和固定在现实的种种琐碎与遮蔽里。

症状本身就是一种封闭的状态，在症状里，生活的可能性被隔绝了，当事人被困于一种消极的注定感之中。例如，一场恋爱失败了，当事人陷入抑郁，因为他只能看到失败本身，只能对自己说"我完了""我没有用""没有人在意我"。因为生活中发生的一个事件，当事人把自己排除在生活的可能性之外，或者说，他把可能性从他的生活中排除掉了。这样的人，如同生活在一片干涸的土地上，那里没有可能和希望，那里不会发生奇迹。这样的人，为了避免让自己感到失望，习惯于选择不去期望。这样的人，只用生存的本能活着，看不见生活中滚滚而来的成长资源。因为看不见，也因为不相信，他们也不会修通渠道去迎接生命的资源，任凭资源改道而行，流向对生活有所期待的人那里去了。

走到症状的深处，它又向我们显示当事人的心灵光景——他失掉了信念和盼望，在现实中找不到自己的角色，感受不到存在的价值和意义，因而无休无止地进行虚幻的联想。这就是荣格、弗兰克尔所说的意义虚空。这种内在的意义虚空，不管用多少现实的价值条件都无法填补。从这个角度来看，人需要建立超越的能力。生命成长的力量不只来自现实目标的追求，还来自超越于所有现实追求之上的本源意义。我们自身是有限的存在，但我们又跟这精神本源有着内在的关联。我们的生命是在尘世扎根，但我们的心灵却有超越的翅膀，带领我们进入精神的博大之境，看到爱，看到意义，看到自由和创造。这是灵魂带着那巨大的虚空在寻求永恒的意义。

直面取向的心理咨询是助人成长，而成长的过程也是一个不断超越的过程。当一个人长成了现在的我，他就超越了过去的我；当一个人改变了对事件的解释，他就不再受事件的损害；当一个人开始关注意义，他就不再关注情绪；当一个人的生命长大了，他的症状就变小了。症状是生命中的一部分，而不是全部。现实是生活的一部分，也不是全部。那些对生活抱有盼望、能够超越的人，他们生活在现实的土地上，却能够看到超越于现实之上的可能性，并且向那些可能性努力行进。他们相信自己会改变，相信生活会不一样，于是他们就改变了，他们的生活就变得不一样了。他们向前行进的时候，偶尔回头一看，身后的生活在不断发生着奇迹般的变化，而他们就是创造生活奇迹的人。

放下执念

幸福的条件很多，幸福却很少；痛苦的理由很少，痛苦却很多。

当"缺失"成了一种症状

缺钱算是人生的缺憾之一，就像我们觉得自己长得不够漂亮一样，它是普遍存在的事实，而不是症状。甚至，缺钱还可能成为一种美德，特别是当一个人为了某种高尚目的而选择了贫穷。但是，当一个人把生活中的所有困难和问题都归结为一个原因——"缺钱"，并且以为"有钱"就可以解决一切，这时，"缺钱"就成了一种症状。

在我们这个时代，"缺钱"正在成为相当普遍的症状，它反映出强迫症的某些性质，也可以说是强迫症的一种表现形式。根据直面的经验，当一个人陷入"内外交困"（情绪困扰、性格问题、生活困难）的境况，他会无意识地去选择某一样偶然出现的事物或情景，视之为最可怕的畏物或障碍，并且要不惜一切清除它，但又清除不了，因而焦虑不堪，更是急于除之而后快。这就是强迫症。

有一位女子经历了几次恋爱失败，随着年龄增长，压力也越来越大——父母的催逼、观念的影响、面子的考虑，以及因为一直走不出过去的情感挫伤经验，她在交友上变得越来越不自信，越来越逃避跟人交往，变得更加自我封闭。虽然在她的内心里，她对情感有强烈的需求，但她的行为与内心的愿望背道而驰。这时，她的生活中发生了一件事情——她的一个同学曾经美艳动人，后来的婚姻生活却十分不幸，这种美丽与不幸的反差，让她百思不得其解。

有一天她遇到这位同学，偶然发现她缺了一颗牙齿，这个发现跟后来在她身上发生的情况联系起来了——她也掉了一颗牙齿。于是，这成了症状发生的诱因，她相信，缺一颗牙齿就是造成那个同学婚姻不幸的原因。因此，在她看来，一个人缺一颗牙就等于残废了，比断一条腿还要可怕。她也是这样解释自己的生活，她相信自己的所有不幸，都是因为她像那个女孩一样——缺了一颗牙齿。如果她的牙齿是齐全的，她的恋爱就会顺利，生活中一切问题都会迎刃而解。

这就是强迫观念。强迫症状的本质就是对生活困难做单一的，往往也是错误的、虚幻的归因，并且会沿着这个

放下
执念

归因去寻求某种象征性的解决之道，却把实际的困难放在那里不管不顾。这种缘木求鱼的方式不能真正解决问题，反而让当事人自己陷入徒劳的挣扎和持续的焦虑，时而觉得生活黯然无光，活着没有意思。但强迫症者也不大会真的自杀，因为自杀是一种选择，而强迫症的本质恰恰就是无法做出选择——活的时候，他像在求死，但面对死，他又会拼命求生。

直面的经验发现，强迫症者会把所有的关注集中在生命的某一点"缺失"上，对其导致的可怕后果进行无限夸大，受到无意识恐惧的驱动，他不惜让生命的进程停顿下来，甚至不惜破坏生命的全部，只是为了消除这一点生命的"缺失"。当"缺钱"成了一种强迫观念，它会让人陷入两个极端——"缺钱"成了地狱，"没有钱就没有一切"；"有钱"就是天堂，"有了钱就有了一切"。这种强迫观念会激发一种社会行为——没有钱，就不择手段；有了钱，就肆意妄为。但强迫行为的本质却在于，不管"缺钱"还是"有钱"，都不会感到真正的幸福。

生命有多层次的需求，每一种需求都要得到适当的满足，这是一个人健康成长的条件，也是一个社会健康发展的基础。但是，如果一个人的某种需求在成长过程中遭受严重忽略或剥夺，这种被忽略、被剥夺的经验给他造成了

157

太深的伤害，以至于被压抑到潜意识中去，在那里造成了一种内在的空缺，这种空缺就会变成一种难以填平的欲壑，因为在它里面，那种遭受过剥夺的需求变成了唯一的、最重要的，它要求得到满足，并且是永远而完全的满足。这种要求，在现实生活中，就膨胀和演变成一种贪得无厌、永不满足的代偿行为。

据说一位亿万富翁在接受记者采访时，记者问他："像你这样的人生还会有什么缺憾吗？"这位富翁回答："如果我的钱再多一点就好了。"这话是一种幽默的表达，却给我们带来一种提醒或启示：在"有钱"上，我们永远看不到一个"足够"的极限，到底要有多少钱才算不缺钱呢？如今，"缺钱"正在成为一种强迫观念，许多人内心里都有一个不真实的想法："我要是有钱就好了"，或者"我要是有多少钱（数目不等）就满足了"。但生活中却充满了这样的例子，一个贪官贪了几十万、几百万、几千万、几亿，他依然不会满足，依然感到"缺钱"，就无法控制地继续贪下去，直到把自己送上不归之路。曾经读到一位神学家（丁光训）的话："我们的大地能生产足够的粮食以满足大家的需要，但它不能生产足够多的粮食去满足人们的贪欲。"

直面的经验相信，症状的背后是没有得到适当处理的创伤，以及创伤经验里滋生出来的极端情绪和偏执观念，一个人、一个社会都会受到这种极端情绪和偏执观念的驱使，去拼命追求着某个"真理"，这时，"真理"就蒙蔽了人的眼睛，让人在盲目的奔逐中付出生命的代价。

举例来说，现代社会几乎患了一种"科学主义"强迫症，它的症状表现是，把一切问题都归因于"科学"落后，因而把"科学"当作绝对真理，当作解决一切问题的唯一法宝。这便是一种强迫观念，而这种强迫观念是从人类在大自然中处于弱势的创伤经验里生长出来的，它限制了人类社会的理性思维，使人类社会时而陷入一种非理性的群体行为，损害了人类社会中的机体，阻碍了人类社会的健康发展。

进而，我们观看现今的社会，大概可以诊断出一种"经济主义"强迫症。它的症状表现是把钱当作衡量一切的标准，也成了一种绝对真理的东西。当"缺钱"被认为是所有问题产生的唯一原因时，"有钱"就成了解决一切问题的不二法门。这同样表明，人类社会在过去长期遭受物质贫乏，这种贫乏的经验甚至对人类心理是一种伤害，而这种伤害的经验，在人类潜意识里形成一种巨大的空缺。当社会一下子转移到物质丰富的时代，过去的伤害并没有得到医治，就会从那种巨大的潜意识空缺里形成强迫的症状，给社会发展造成深层的危机。

从个体来着眼社会，我们这样看，一个成熟的社会有整体视野，追求全面发展，而不执于一端、造成偏废；它自由、变通，而不机械、刻板；它能看到多重可能性，而不是非黑即白、非此即彼；它是自发的，不是强迫的；它是系统的，不是单一的；它是开放的，不是封闭的；它是统合的，不是零散的；它是平衡的，不是极端的；它有情感，但不情绪化；它有理性，但不僵化；它追求关系和谐，有效配合，让万事互相效力，让方方面面都呈现勃勃生机，而不是激发冲突、顾此失彼，使社会资源处处受到压制，变成潜抑到内心里的不良情绪。

在直面的经验里，辅导或治疗应是关系的、系统的，需要对人的问题根源做综合的考察，而不固守某种单一的考察模式，也不把某一种固定的方法作为应对一切的法宝。在咨询师眼中，人是一个有思想感情、有内心体验、有精神追求、值得尊重的生命个体，而不只是生物层面上的存在。直面的咨询师关注生命的整体，而不是盯住一点，不顾其余。

直面的辅导意在促进生命的全面成长，而不把生命割裂开来作解剖式的技术主义处理。直面的经验相信，心理治疗在根本上是境界的治疗，没有境界的治疗是单一的、唯技术的，甚至这种治疗本身可能是强迫性质的。

曾经有一位在生命境界受到局限的心理咨询师，他接待了一位很富有的来访者，这位求助者有别墅、有汽车、有钱，却感到抑郁，说活下去没有意思，甚至要自杀。咨询师觉得很奇怪，问她："你这么有钱，怎么还要自杀呢？如果你死了，你的别墅、汽车、钱怎么办？"来访者听了这话，就觉得这位咨询师的境界实在太低，拂袖而去。这里，我们在这位来访者身上看到这样一种现象：哪怕到了想放弃生命的地步，她却依然持守着一种生命的境界。然而，这位咨询师的个人经验给他的境界带来了局限，从他的话中可以推导出这样的观念——"有钱"就等于有了生活的意义，"缺钱"才是自杀的理由。

　　最后，强迫症的本质特征是一种极端思维：只此一途，别无径路，亦即，凡事只有一个可怕的原因，也只有一个完美的解决办法。但从直面的经验来看，问题的背后有多重原因，而解决的方法也是多种多样的，因人而异。因此，我要提醒，不管是谁，如果他宣称只有一种方式可以立刻解决一切问题，这要么是症状，要么是存心欺骗。二者都是我们要当心的。

放下与放弃

　　一个人拥有许多，但不让自己幸福，就因为缺少一样，他一定要去痛苦。不管他们拥有多少，依然觉得得到的不够，因为一心要拥有一切，就不允许自己放下一件——在他们看来，那没有得到的一件总是最重要的一件。痛苦不是因为"得不到"，而是因为"放不下"。

"得不到"与"放不下"

　　人生要学的东西很多，其中之一就是学会放下。许多时候，我们就是放不下，也正是因为放不下，人生就有了许多伤害和痛苦。有时候，因为放不下过去发生的某个事件，我们把创伤一直放在心里，用来拒绝新的生活经验；有时候，我们面对更有价值的事物，却放不下手里的东西，不能做出新的选择；时机与条件还没有到来的时候，我们不知道暂时放下，却一味强求；能力和心智还不足以承担某事的时候，我们却要逞强，不能让自己先去经历一个成长的过程；知道有些东西是不可能的或不可改变的，我们还是不能放下，非要改变发生的事情，而不是尝试改变自己的态度和方法；知道有些东西并不属于我们，或者根本也不符合我们，但我们看到别人有，自己就一定要有，这也是放不下……生活中有许多这样、那样的"放不下"，结果会怎样？答案我放在本章最后说。

在生命的某些时候，我们需要做到放下，但放下不是一件简单的事。人性里有一个很深的阻碍，使人每每无法做到放下。那就是我必须得到一切。生活中有许多这样的人，以为拥有一切就可以变得完美了。他们手里抱的、身上扛的好处已经够多了，却不觉得幸福；他们眼里看到了许多，只要有一件眼里看到但手里没有抓到，那一件就成了痛苦的理由。

在直面的经验里有一种普遍的情况：一个人拥有许多，但不让自己幸福，就因为缺少一样，他一定要去痛苦。结果幸福的条件很多，幸福却很少；痛苦的理由很少，痛苦却很多。其中的原因就在于不管他们拥有多少，依然觉得得到的不够，因为一心要拥有一切，就不允许自己放下一件——在他们看来，那没有得到的一件总是最重要的一件。因为放不下，他就一定要得到；因为得不到这一件，他就盯住它不放，再也看不到其他所拥有的了。或许因为得不到这一件，自己拥有的一切都变得黯然无光、毫无价值了。或许这一件只是今天不给他，明天就会放在他手里，但那也不行，他现在就要。这样看来，痛苦不是因为"得不到"，而是因为"放不下"。

"放不下"的另一阻碍是想承受一切。生活中总有这样一些人，他们以为，能够承受一切表明自己非常强大，因此，他们对人对事的基本态度和方式是："我能承受……"在直面的经验里，我们看到，那些想集天下之美于一身的人，总在担心自己会失掉任何一样好的东西；那些试图把一切都扛在自己身上的人，时时害怕生活中会出现一点自己顾及不到的地方。但是，除了上帝之外，没有人可以这样说："凡劳苦、担重担的人，都可以到我这里来，我将替他们把一切承担下来，让他们得享安息。"如果一个人这样想、这样说和这样做，他就忘记了自己是一个人，不知道人的限度，因而去承受人承担不了的东西，以致把自己压垮，结果成了这样：做神不成，做人也难了。这大概是所谓强极易折的道理吧。根源也在于"放不下"。

"放不下"的抑郁

据最近的媒体报道，一位女经理因患抑郁症而自杀，报道展示了这样的基本情况：

这位女经理拥有令人羡慕的物质条件，情感生活上似乎并不缺乏，她与丈夫和母亲关系都很好，在决定自杀之前，她还分别向他们表达了深切的关怀之情，但他们都不知道这是自杀的信号。她选择在一个宾馆自杀，并且向宾馆支付了足够的预订金。由此可以肯定，她在为人处世上也是非常认真的。她把一切都安排得很周到，然后自杀了，把悲痛和不解留给了她的亲人们。其中还有一点让许多人感到颇为惊讶，这位女经理还通过了心理咨询师认证考试，算是一位心理咨询师。为什么会这样？报道中的答案是：她患了抑郁症。但是，抑郁症是什么？为什么人会患抑郁症？为什么患了抑郁症可能导致自杀？对此，报道回答不了，人们也无从了解。

每个人都有负面的情绪体验，包括抑郁，当发展成抑郁症的时候，它就成了一种来自生命内部的阻隔。不管一个人在生活中建立了多少幸福条件和价值条件，它偏偏要从中作梗，就是不让你从中获得幸福和价值的体验。在抑郁症发生之前，总有一个内在的累积过程，而且往往是在当事人不知不觉的情况下慢慢累积起来的；而这种累积又总与当事人的生活态度和生活方式有着千丝万缕的关联。例如，当一个人形成一种"放不下"的生活态度，并在生活中长期使用"放不下"的应对模式，就可能导致抑郁情绪在他的内部不断累积。在累积的过程中，当事人往往无所觉察，也没有找到适当的方式加以处理，这种抑郁的情绪就会变得越来越严重，直至形成抑郁症，最终导致当事人用自我放弃的方式结束生命。

　　一个社会成功人士自杀了，总会在社会上激起纷纭的惊叹：这怎么可能？！这种惊叹首先是从亲人那里发出的，然后是周围其他的人，甚至到了整个社会上。是的，从外在条件来看，一点都不可能。就这位当事人来说，她拥有许多幸福的条件，人们对此有目共睹。但人们看不到她内部累积起来的抑郁情绪，这种情绪会在暗中累积，直到聚而成灾，在某一天爆发为一场个人悲剧。许多人并不了解，这种潜隐的抑郁可能扎根很深，深到道理、亲情、高等教育、成功事业都不能触及的地方，深到使各样的救助方式显得如同隔靴搔痒，甚至让不能真正深入的心理治疗都变得效力不济。

放下不等于忍受一切

　　每天，在直面的咨询室里，我接待一个又一个求助者，倾听他们讲述自己。

放下执念

坐在我面前的这位当事人，她拥有许多令人羡慕的条件：她出生于一个富有的家庭，年轻貌美，拥有硕士学位（博士在读）；其个人素养、见识、能力更非其学历所能言说。大学毕业之后，她在母亲创办的家族企业中承担重要职位，表现出卓越的业务水平与管理能力。除此之外，她还享有美满的婚姻，与丈夫性格相投，关系稳固，事业上长期互相配搭；还能与家族其他成员融洽相处，包括跟公婆的关系也为人称道。在公司里，她更是颇有影响力，社会上还有不少优秀的朋友……她给我的感觉是：她本人和她的生活几乎都是完美的。

但长期从事心理咨询，我有点害怕完美。特别当我看到一个人非要让自己和生活变得完美无缺的时候，我心里就想，这下她可真要为此而受许多无谓的苦了。在我的心理咨询经验里，许多人或因为过于强求某事而没有得到，变得一蹶不振；或因为忍受一切以致压力太大，变得逃避一切。这都与抑郁有关。抑郁是一种隐藏在生命内部的危机，而这种危机又是周围的人觉察不到的，包括亲人，甚至连当事人自己都不大能真正意识到，因此，她需要得到来自专业的真正帮助。

当事人背后有一个强大的母亲，是她自幼崇拜的偶像，她愿意一生都跟随在母亲那巨大的身影后面，但在她内心

167

里还有一个同样强烈的渴望：要成为母亲，甚至要胜过母亲。从外在条件来看，她发展了自身的各种素质和才能；但在个人成长上，她的内在自我还没有跟母亲真正分离开来。在她的意识层面，她看到自己跟母亲有一些不同之处，但又害怕它们会导致自己跟母亲的冲突，因此，她唯一的选择就是把它们压抑下去。在她的潜意识里，她会跟母亲比较，试图取代母亲和胜过母亲，但这并不是真正意义上的自我实现，因为当事人不是要成为自己，而是想让自己成为母亲。

在她的期待里，母亲会让她成为家族企业的接班人，但时机还没到来，条件还不够成熟，她需要等待。然而在等待的过程中，她受到这个强烈期待的驱使，时时担心母亲会剥夺她的机会，以至于在母亲面前，她连合理的建议和意见都不敢提出来了。

在跟随母亲的这些年里，她拼命努力——进修学业，发展能力，简直要具备一切的优点，要在事业上成功，要做母亲的乖女儿，而她所做的这一切，都是为了得到母亲的肯定。甚至对她来说，只有得到母亲的肯定，才表明她是有价值的。

在面谈中我问了一个问题："你会不会担心自己对母亲没有用？"当事人立刻否定："没有。"接着，她带着一些自己可能意识不到的恼意，说："我一点都不担心，现在对她（母亲）来说，最有用的就是我，也只有我。"

但是，在我听来，这话的背后并不是一个自信的自我，而是一个没有真正确认自己的自我。对当事人来说，如果只有得到母亲的肯定才能表明她是有价值的，在生活中，她很可能会为得到母亲的肯定而忽略自己的需求，以至于失掉自己。另外一种可能便是，如果得不到母亲的肯定，她就看不到自身的价值，进而可能倾向于放弃一切，甚至放弃自己。

在后来的咨询过程中，当事人的自我觉察慢慢浮现出来："我是否有用不是由母亲决定的，我的价值应由我自己来决定。"

接下来，我跟当事人的谈话围绕这样的话题进行：让母亲成为母亲，让自己成为自己。我鼓励当事人开启自身真实的力量，向母亲表露一个真实的自己，从而让母亲真正地了解她。对此当事人表示："现在我觉得，我可以走另外一条路。我不会成为第二个母亲，但我可以成为我自己。就像你说的，让母亲成为母亲，就是让她用她的方式去做她的事情，我可以用我的方式去做自己的事情。母亲将来会给我什么，现在不去管它，也就是说，可以放下它。重要的是，我可以在现有的条件下去发展我自己，成为我自己。事情是可以放下的，而自己是不可以放弃的。"当事人的这些话里反映出何等好的领悟，它们有助于消解她内心的抑郁。

当事人身上还有一个十分明显的倾向：试图忍受一切，调和一切。她不能承受事情会有裂痕，不能接受人会有冲突，因而要把一切都抚得平平整整，她选择了忍受。

她说："我从来不跟家人吵架，从小到大，我觉得吵架是一件可怕的事。因此，我跟老公从来没红过脸。我的家庭很稳固、很和谐，在别人看来简直是无可挑剔的。我特别想表达的时候，因为担心表达出来会吵架，便忍受了下来。我跟我妈、我爸、姐妹之间也是这样，我把一切都忍受下来了。我也总在调和一切。我在母亲的企业里工作了一些年，母亲的管理方式会得罪人、伤害人，我就去安抚。听到有人对公司有不利的评价，我立刻去调解，替母亲补漏子。我从小都有这样的习惯，一件事情本来不是我干的，但母亲打我，我就承认是我干的。因为这样可以避免冲突。"

当事人结婚之后，夫妻各自忙于事业，长期分居。对此，她轻描淡写地说："这有什么呢？只要你不把性关系看得很重就行了。"这些年来，她怀孕、生子、带孩子，几乎没有丈夫陪伴，也都过来了。还有，她一面承担公司里的事务，一面完成了自己的硕士学业，并进而在修读博士。

而且，为了更有效地学习和工作，她把孩子放到丈夫那里去了。不管怎样，当事人都会说："我一个人能行，我的独立能力是很强的，自幼都是这样。"

我在面谈中试图让当事人意识到，她在用这种不顾自己的方式，试图把一切抚平，让生活变得完美。这种不顾的方式表现为，她会对一切的生活困难说："我行，我能承受，我能化解。"我问当事人："你真的能承受和化解一切，而不对自己造成某种内在的损伤吗？"当事人渐渐意识到："其实我没有把它们都洗掉，我总是耿耿于怀。那些东西只是被压抑下去了，沉淀在我的内部，但它们时而会翻上来，这些翻上来的东西很恐怖，它们总在威胁我。"

这又是很好的领悟，而这种领悟本身就是医治的一部分。的确，我们在生活中，有许多事情从表面上看都这样过去了，但情绪被压抑下来了，后来又没有得到适当的处理，它们就沉淀在里面，渗透到我们的生命系统里，当它们累积到一定的贮量，就会化为"病"的力量，从内部汹涌而出，给我们的生活造成颠覆性的冲击。

在直面的经验里，我看到许多人在积聚一切好条件来建构他们的生活和事业，使之显得辉煌壮丽，简直像是牢不可破；但与此同时，他们也在无意识中把各样的情绪沉淀下去，使它们在内部变成了抑郁，甚至变成了抑郁症，这种抑郁在暗中破坏这个宏伟建筑的根基，但不管怎样宏伟，依然不够完美。于是，他们越来越觉得生活中总有什么不测，不管自己怎样做和做了什么，依然觉得生活没有什么意义。抑郁症的根源是当一个人把一切精力都投注于某些极端的、不可能的事情，他无法得到，又不能接受这个结果，渐渐地，他感到累了，承担不起了，觉得没有意义了，终于要放弃了——不是放下事情，而是放弃自己。当事人说："是的，其实几年前我内心里就开始放弃了。"

放下是一种智慧

如果我们在生活中学会合理放下，就能够获得成长并且成为自己。但那些在生活中一直放不下事情的人，最后只好放弃自己。放下是一种智慧，它向我们提出的要求是：放下，以便成为你自己。

关于放下与放弃，还有一些方面需要弄清楚：

第一，什么是更为重要的。当一个人试图集天下一切好处于一身，他会不顾一切去寻找、搬移、积累、建造，建立起庞大的建筑，依然不感到满足，不让自己停歇一下，直到自己承受不了，以致被压垮了。在他苦心经营外在建筑的同时，他也在忍受一切，以致内部累积了越来越多的抑郁，直到自己忍受不了，以致那庞大的建筑从内部被颠覆了。这反映一个本质——人获得了一切，但丧失了生命。

我们不禁要问：如果一个人获得了一切，并不因此而感到幸福和有价值，反而感到有过度的压力和无意义，这对他有什么好处呢？事实是，不是事情让我们放不下，而是我们放不下事情。

第二，我们要放下什么。在面谈过程中，我问前文所提到的当事人："你有没有意识到，有些东西你管不了？"当事人说："是的，因为管不了，才抑郁。"这就是许多抑郁者的基本情况，它的本质其实是："因为放不下，才抑郁。"可以说，抑郁是一种狭窄的关注，即当事人只把关注放在她管不了的某个方面，放不下这个方面，非要去管这个方面。深度的抑郁甚至可以说是一种殉情，即当事人简直是殉身不惜地去管那些管不了的方面，反而把那些本来管得了的方面放弃了。如果放不下，她就看不到自己生活中那些管得了的方面，也不能去做那些她本来能做的事情。

第三，"放下"和"放弃"的区别。一个有关"放下"与"放弃"的奥秘是，智慧的人懂得"放下"，而消极的人只会"放弃"。这真是完全不同的领受，它们的本质不一样，结果也不一样。"放下"表明一个人能够超越暂时的遮蔽，寻找一个更大的空间获得成长；"放弃"则表明一个人被事物缠绕、压垮，要找到一个地方躲避起来。"放下"是因为一个人看到自己高于事情，因而放下事情；"放弃"是因为一个人不能放下事情，只好放弃自己。

第四，强迫与抑郁的不同。放不下会导致这样一种情况：你的手在做这一件事情，你的心却牵挂着另一件事情，结果两件事情都不能做好，不让你感到满意。对于这样的结果，完美苛求者不会接受，因而陷入强迫，进而陷入抑郁。强迫症反映的本质特征是一个人因为放不下，把过多的精力放在无意义的事情上，反复在细节上耗费生命，其实这种劳动是徒劳的，如同在野草上施肥；而抑郁症的本质特征却是一个人放弃了，说本来就没有意义，不管怎样都是没有意义的，因此他取消了行动的动力，让自己不再在任何事情上做任何努力。

第五，虚妄的态度。放不下和放弃其实都源自我们内心的骄傲和好胜，由那里产生出来的欲求使我们越来越不知满足，而这种虚妄的欲求背后是过度的不安全感。症状反映的是一种虚妄的态度，我们相信，用极度的不安全感建立起来的任何东西都是没有根基的。

第六，真实的态度。有一句劝导人的话是：小处要看透，大处不要看透。这话里含有实在的智慧。颠倒过来说，会导致相反的情况：小事放不下，大事看成空。这也正是许多类型的神经症者的态度——小处看不透，因而放不下；

大处看透了，也就放弃了。

第七，心理咨询的本质。如果做一个冒险的论断，我们可以这样说：许多求助者前来咨询的东西，往往是他们放不下的东西。这些放不下的东西给他们的生命造成遮蔽、控制和牵绕，以致他们在成长路上简直是一叶障目而不见泰山了。

第八，教育与文化。需要提醒的是，现代教育正在形成这种"因为放不下所以才放弃"的模式，无数的伤害就表现在这里，许多的放不下导致了许多的放弃。教育的背后是更深层的文化。在现代文化里也有这种极端的追求：要么是 100，要么是 0。

第九，成熟与幼稚。学习放下是生命成长的要求，它让人变得成熟起来。得到一切是本能的要求，也是幼稚的表现，它的结果是放弃。

第十，放下的智慧。一个人做到放下，需要做到以下几个基本点：（1）弄清放下什么；（2）弄清在什么时候和什么境况下放下；（3）渐渐放下。

最后，在本章的开头部分，我提出一个问题：如果放不下，结果会怎样？其实答案我在前面已经说过了，总结起来，可以这样说：如果一个人不能在过程中放下，就会导致他还没有走到终点就开始放弃。如果不能适当地放下事情，一个人会不适当地放弃自己。

完美与独特

从小到大，一路上不停有人给我们贴这样、那样的标签。生命是活的，标签是死的。心理咨询所能做的，就是帮助他们撕掉各类的标签（生活的、专业的、主义的、信仰的），让他们发现，他们原来不需要跟别人比，不需要比别人强，不需要拼了命去成为别人；他们需要充分地发现、享受和发展自己的独特，成为独特的自己。

人类的习性：互贴标签

最近读到一个童话故事，讲到一群小木头人，叫微美克人，他们住在微美克村。每一个微美克人都有一袋金星纸贴和一袋灰点纸贴，他们每天做的一件事，就是彼此互贴纸贴。其中有一位叫胖哥，他虽然很努力，但总是做得不好，人们给他贴了许多灰点贴纸。胖哥为此很苦恼、很自卑。后来胖哥发现，露西娅身上没有任何纸贴，他便很羡慕，很想知道为什么。于是，通过露西娅的介绍，他见到了雕刻匠伊莱。伊莱跟胖哥谈话，让他明白他其实很独特，不需要把别人的纸贴看得那么重要。胖哥相信了伊莱的话，那些灰点贴纸就从他身上掉下来了。

这个童话，其实是世界的缩影。我们是地球人，生活在地球村，我们有一个跟微美克人一样的习惯，就是互贴标签。我们一直这样做，越来越习惯于这样做，以致我们只看到人身上的标签，看不见他内部的本质，以致我们只看到别人贴在我们身上的标签，以为那就是我们自己。从一出生，我们就开始被人贴标签，然后也学会给人贴标签。我们长得好看不好看，看上去聪明不聪明，以及出生在怎样的家庭，有多少知识，有怎样的地位，有多少财产，等等，这一切的背后都有一大堆既成的标签。

从小到大，一路上不停有人走过来给我们贴这样、那样的标签，这些给我们贴标签的人是我们的父母、亲戚、老师、同学、朋友、同事、初次见面的人。如何处理贴在我们身上的这些标签，成为自我成长的关键课题。很小的时候，我们是通过这些标签来理解自己，会把别人对我们的评价等同于我们对自己的评价，这样我们会发展出不真

实的自我概念。渐渐长大，我们有了自己的经验，有了自
己的看法，我们开始整理别人对我们的评价，学会从中接
受好的，摒弃不好的，接受真实的，放弃虚假的，逐渐形
成对自己的基本理解。但也有不少人终生没有形成真实的
自我概念，他们活在别人的评价里，生怕自己做得不够好，
遭到别人的指责。或者他们本来做得已经很好，依然觉得
自己一无是处，那是因为别人在他们的内心里说话。这样
的人总是担惊受怕，活得很辛苦，活得很低落。

　　特别是幼年时期，父母对孩子有怎样的看法，与孩子
进行怎样的互动，对孩子形成怎样的自我起着关键的作用。
在直面的经验里，我们发现不少人内心有一种弥漫性的恐
惧，不管有什么想法，做什么事情，他们总在担心别人会
怎样想，别人会怎么看，想知道别人会怎么做，以为那就
是标准，自己模仿别人的样子去做，就安全了。这个"别人"
的原型，往往是幼年经验中的父母，以及周围对他产生直
接影响的亲人。

　　如果父母总是威胁孩子，苛责孩子，因为他犯了一点
错误就责罚他，这会在孩子内心渐渐培植出一个负面的自
我形象。有一位父亲骂孩子是垃圾；有一位母亲骂孩子是
"没用的东西"；又有一位父亲因为孩子考试分数低对孩
子说："长江没有盖子，你为什么不去死？"他们这些贬

抑性的评价，都会给孩子的自我形象造成长久的损害。有一位老师把一个学生称作"木头"，学生在长大成人后，这个记忆中的阴影还在她的内心里萦绕，挥之不去。

除了这些损害性的话语标签，还有对孩子实施虐待行为，尤其是亲人施虐，对孩子的损害更大。当这些损害的话语和行为发生的时候，孩子的自尊受到打击，无法接受又无力抗拒，就只好把这些屈辱的经验压抑到潜意识里，在那里形成无意识的恐惧和抑郁。

还有，在许多父母那里，有些损害行为是出于"为了孩子好"的动机，这样的行为包括把孩子交给爷爷奶奶或外公外婆养，或者放在亲戚家，父母的理由总是"工作忙""做生意""方便孩子上一个好学校"，等等，岂不知道，这样的损害很大。在直面的经验里，我们探索心理问题的根源，往往发现一个普遍的现象，就是在幼年时期孩子被放在亲戚家，过早中断了依恋关系，使得孩子在成长过程中更容易受到生活环境中各样因素的侵害。而背后没有来自父母的支持，同时会给孩子造成这样的感受："我孤立无援、可怜无助""在我需要帮助的时候，没有人在乎我""我被父母抛弃了，因为我不好，不讨父母喜欢，惹父母生气"，等等。

这样的经验会长期影响他们的行为表现，例如，小时

179

候，他们为了满足父母的期待，对自己的需求完全忽略不顾，拼命去做讨父母欢心的事。长大了，他们会过于关注周围人的评价，而忽略甚至牺牲自己的需求。他们在生活中苦争苦斗，只是为了满足社会的要求，想得到生活环境中每一个人的喜爱和欣赏，结果他们把自己的生活变成了一场劳役。在别人的眼里，他们做得很好，但他们不能从中体会到幸福和价值，他们陷入了一种连自己都说不明白的痛苦——因为太多违背自己，他们活不出自己。

一般认为，造成这种情况的原因是一个人在成长过程中受到太多的消极评价，而这些消极评价一直都没有得到适当的处理，渐渐在他的头脑里形成一个负面的自我形象。其实还有一个原因——如果一个人自幼受到过度的保护和太多的赞赏，而又缺乏自我成长的经验，那些赞赏的标签也会在他的头脑里拼贴出一个完美的自我形象。这两个自我形象都不是真实的，都会让一个人过于看重别人的评价，甚至活在别人的眼光里。

前一种情况是因为曾经生活在"地狱"（别人的负面评价），一个人会拼命要让自己变得完美，以便进入天堂（获得别人的好评价）；后一种情况是因为曾经生活在"天堂"（别人的过多赞赏），一个人也会拼命让自己变得完美，以便维持那个天堂（继续享受别人的赞赏），害怕落入地狱（别人的负面评价）。其结果是一样的，他们为了别人的看法，牺牲了自己的看法，因为不敢有自己的看法，渐渐也就没有了自己的看法，最终失掉自己。失掉自我的人往往有两个相反的极端自我概念："我必须是完美的"和"我就是这么糟糕"。

心理困难的实质：苛求完美

我有时会问当事人一个问题："有两个东西，一个叫完美，一个叫独特，而你只能选择其中之一，你会选择什么？"我会发现，没有真正建立自我的人要求完美（他看不到独特），确立了自我的人要求独特（他不相信完美）。而在我的理解力，心理困难的一个实质就是苛求完美。因为苛求完美而不得，自我就从至高之处跌落下来，在生活中扛着一个极端负面的形象："我一无是处。"

在直面的咨询室里，坐在我对面的是一个年轻的女子，她毕业于名牌大学，拥有好的工作，家庭条件也好，人长得很漂亮。她坐在那里，还没有开口说话，我却分明看到，泪水从她的眼睛里流了出来，淌在脸上，一直淌下去。接着，虽然她说了句话，虽然声音有些低，我却分明听到了："其实我是一只臭虫。"我脸上尽量没有流露惊讶，但心里却惊呆了——这是她在向我介绍她自己吗？

我接待的另一位求助者是一个大学老师，年轻、貌美、有才、言谈风趣、举止优雅，整个人都透露出一种非同寻常的感染力和吸引力，她的一切都让人羡慕，但是，她把自己描述为"一只蛆"，而且是"大粪中的蛆"。

还有一位大学生，在面谈之中，他这样描述自己："……我感觉自己已经千疮百孔了，身上一无是处，我就像一堆垃圾，无脸见人，活得难受，我真想毁了自己。"

这样的例子太多，我不得不想："他们到底是怎么啦？为什么外在条件和内在价值之间有如此之大的反差？"我做心理咨询，最关心的是人内在的自我价值感。在直面的经验里，我看到许多人绝不缺乏外在的价值条件，他们的基本问题是内在价值感的缺失。追根溯源，在他们成长的过程中，各种各样的标签损害了他们内在的自我，因为不断受到贬低，或者被寄予过高的期待，受到太多的赞赏，被周围的人比来比去，以至于他们变成了一群完美苛求者，相信只有自己完美了，才有价值，才可爱，才被人拥戴。他们为了实现家人的期待，满足老师的要求，用许多"应该"强求自己，要在各方面都胜过他人，以赢得别人的赞赏。一旦发现自己做得不够好，他们就感到沮丧、失落，开始自贬自虐，责罚自己，因为一个缺憾把自己看得一无是处，把生活看得一团黑暗，为了消除某一个缺憾，他们会置整个生活于不顾，停下成长的脚步，盯着一件事反复折腾。

这些在别人眼中的优秀分子，常常是在暗中进行着一场旷日持久、艰苦卓绝的战斗，一定要消除某个他们认为十分可怕的问题——例如，眼睛出现干涩的感觉，不敢在人前大声读英语，走路时鞋子会发出声音，牙齿不整齐，一边脸大一边脸小，诸如此类。他们为此付出的代价是，生活中可以享受的条件被弃置一旁，生活中许多需要承受的责任被弃之不顾，生活中需要接受的有限或不足，他们就是拒不接受。他们的理由是，如果不消除那样一个东西（眼睛干涩、不敢读英语、鞋子发出响声、上下牙齿不对齐、左右脸不对称），我怎么可能过得快乐？为了变得完美，他们花五至十年的时间去关注某一个细节；为了获得绝对的安全，他们不断重复着一件没有意义的行为，听凭生活的资源失散，危机四起，他们仍坐在那"完美失落"的废墟上自怨自艾。

　　苛求完美的另一种表现是追求唯一，并试图以此来取代一切。

　　有一个成绩好的高中生前来求助，说他一直生活在各样的恐惧里，最近的恐惧表现为怕鬼。谈话中了解到，当事人从小受到过多的保护，内心严重缺乏安全感。当事人的自我概念是：身体弱小，长相不好看（其实长得不错），说话声如蚊蝇，自卑，不敢跟人交往……但他有一样好处，就是从小到大一直成绩好。在他的成长过程中，所有的出口都堵塞了，只保留了唯一的出口，就是成绩好。"成绩好"的背后有一个坚定不移的信念和动力："只要成绩好，一切都好；如果成绩不好，一切都完了。"因此，为了成绩好，他拼命学习，小心翼翼地维持着成绩好，生怕任何一个因素会影响它。因此，在整个读书的过程中，他豁出一切，与同学竞争，拼命要超过他们，要比他们成绩好，因为成绩好就是他的全部，"如果这个失去了，我真的一切都完了"。这种对成绩下落的担心会转化成虚幻的恐惧，最近的情况便是成绩下降了，因此鬼就出现了。鬼代表着一种虚幻的恐惧，却是从真实的恐惧里转移而来。

苛求完美是从"比较"里产生出来的，它的基本表现也是跟人比较，要求自己必须最强。在这个世界上，有不少人成了"比较"的牺牲品。他们自幼被父母拿来跟别的孩子比来比去，到了后来，他们自己就生活在比较之中，就像如果没有比较，就无法存在一样，他们生活的目的似乎就是要处处比别人强。他们看到别人在追求什么，他们也拼命去追求什么，不管那是不是自己真的想要的和需要的。他们才不管自己的需要，只要比别人强就行。他们一边追求比别人更强，一边生怕别人比他们更强，以致在更强的人面前，他们连自己本来有的东西也不敢拿出来。他们觉得，如果没有别人强，干脆什么都没有才好；如果不是最好的，那就是一点都不好。于是，在跟别人比较的过程中，他们并不是变得更强，相反，他们会变得更弱了，或者即使他们变得强了，内心里依然觉得自己很弱，而且还会不断进行自我削弱。因为他们的比较方式往往是这样的：他们只看到别人的强，只看到自己的弱，因此用别人的强来比自己的弱，这造成他们内心里累积越来越多的挫败感，使得他们自我的价值感越来越低，以致低到泥土里，觉得自己不过是垃圾。

他们不但跟现实中的人比较，还会跟自己头脑里那个理想的我比较，把现实中的我比得越来越不堪，越来越看不到自身的独特，越来越变本加厉地去追求生活中的价值条件，试图用所有的条件来把自我武装起来。他们的假设是，只有获得所有人都认为有价值的东西，才表明自己是有价值的。但他们忽略了这样一个事实：他们已经拥有了不少的价值和条件，但并没有相应的价值体验。我曾问这样一位当事人："你到底要拥有多少条件，才感到幸福，才感到自己有价值？"结果发现，他的身上堆满了各样的幸福条件，却从来都没有感到幸福。根源在于，他的身上哪怕有一点不完美，这就会成为他痛苦的理由。因此，一个人苛求完美，本质上是想变成"上帝"。他不知道，他的内在价值感遭到破坏，需要在辅导中得到修复和提升，在成长中慢慢发现自己的独特，并且敢于活出独特的自己。

直面的奥秘：发现独特

许多人不明白，心理咨询有一个奥秘。我有时候会提到王尔德在《狱中记》里曾经说的一段话，描述耶稣怎样做辅导和医治：

耶稣把罪人看作最接近完全的人而加以爱护，把风趣的盗贼变成乏味的正人君子，并不是他的目的。他使用世人未曾知道的方法使罪恶和苦恼变成美丽神圣的东西。当然，罪人不得不悔改，不过这是他在完成耶稣所做的事情。希腊人认为人是不能改变自己过去的，甚至神也不能改变过去。但是耶稣却使人看到最普通的罪人也能变好。当那个浪子跪倒哭泣的时候，耶稣一定会说，他使过去的罪恶与苦恼变成了一生中最美丽神圣的时刻。

我一直在想，耶稣所用的这个"世人未曾知道的方法"是什么？生活中有许多"浪子""坏人""罪人"，他们都是满身被贴了灰点贴纸的人。我们习以为常地把"浪""坏""罪"的标签贴在某个人身上，就等于把这个"人"跟"浪""坏""罪"等同起来。生活中的标签已经够多了，许多人去寻求帮助，又被贴上医学的、精神病学的、心理学的专业标签。有一位当事人最开始去看内科，被贴上一些医学症状的标签；后来又去看精神科，被贴上精神病理的标签；然后又接受心理治疗，又加贴了不少心理症状的标签；再后来她去看身心科的医生，又接受了各类生理和心理的测试，辅以各类药物，整个过程中，她还尝试接受过许多类型的心理治疗方法或模式。到现在，她的问题并没有得到解决，身上的标签反而越来越多，觉得自己的问题越来越严重，简直不可能解决了。

我由此想起国外一个案例调查报告，说一个人也是这样四处接受各类心理分析与治疗，从头到尾被诊断出有100多种人格，其中包括一条蛇和一群鸭子。这听起来是一个笑话，但从中可以看到，人们真是太习惯于给人贴标签了。人们在所有的领域都制造出各样的标签，并且花费大量的时间和精力替人贴标签，却不真正去处理标签背后的问题，听凭许多人带着越来越多的标签离开了，越来越看不清自己，越来越活不出自己。

但从直面的经验来看，心理咨询要真正助人成长，必须觉察和突破人类贴标签的习性。生命是活的，标签是死的，当一个人被贴了太多的标签，他的成长进程就会受到太多的阻碍，以至于放弃了。"浪子"身上贴满了标签，他干脆就这样浪荡下去，因为他会对自己说："看，这就是我。""病人"身上被贴满了标签，他的问题变得更严重了，问题背后的自我就会说："看，这就是我。"因此他选择待在被标签化的"病"中。直面的经验发现，几乎所有心理问题的背后，都有一个表述出来或者没有表述出来的自我评价，而在这个自我评价的背后，总会堆放着许多的标签。当事人的自我成长就被这些标签遮蔽了、阻碍了。

生活中有许多"浪子""病人""罪人"，就像"胖哥"一样，因为不被人看重，被人贴了标签，他们也越来越倾向于用标签来看自己，以为自己就是标签上所说的样子，而人人看不到内在的自己，也不敢活出内在的自己。他们带着困惑和恐惧，活得越来越自卑。心理咨询所能做的，就是帮助他们撕掉各类的标签（生活的、专业的、主义的、信仰的），让他们发现，原来不需要跟别人比，不需要比别人强，不需要拼了命去成为别人；他们需要充分地发现、享受和发展自己的独特，成为独特的自己。

直面的经验证实，人的内部都有对成长的渴望，也就是"我要成为自己！"有许多的心理学家（马斯洛、霍妮、亚隆）喜欢这样的比喻：一颗橡树的种子里包括一个渴望——我要长成一棵橡树。活在世界上，我们最大的问题不是犯了什么错误或有什么缺陷，不是富有或者贫穷，不是美貌或者不好看……这一切外在的特征都不能真正说明"我是谁"，更不能决定"我是谁"。人最大的问题是"迷失自己"，不知道自己是谁，不知道自己在做什么，不知道自己要到哪里去。许多丑恶肇始于人的愚妄，人在愚妄里损害自己和他人，对此不知不觉。心理症状的本质便是这愚妄，它让人追求一切的形式，把本质放在一边。形式束缚了人，本质让人得到自由。你做了一切，但失掉了自己，便是全然无益；你讲了一切，但不是自己讲出来的，也不能造就人；你拥有一切的价值条件，但没有价值感，并不能救自己；你成了所有人眼中的好人，但你不知道自己的动机，还是没有成为自己；你的生命扎根在别人的评价里，而别人的评价又是最不稳定的，这样，你的生活也随之变得风雨飘摇了。

我们从直面的经验里发展出这样的观念：一个人要建立真实而独特的自我，需要发展两个基本能力，一是关联的能力，一是拒绝的能力。

关联的能力表现为，一个人为了建立"我是谁"，与有利于自我成长的资源建立了关系，就像胖哥与露西娅建立关系，然后又与伊莱建立关系，并通过这种关系获得了自我成长的最好资源。

拒绝的能力表现为，一个人发现了"我是谁"，并且为了成为自己，他敢于抗拒和否决那些有损于自我成长的因素，就像伊莱对胖哥说："给你星星或点点的是谁？他们和你一样，都是微美克人。"这话的意思是，"他们怎么看你并不重要"。

这两种基本能力构成一个完整的"成长"概念。而直面的辅导或医治，具体而言，就是帮助当事人拨开众多标签，"走到深处去"，发现自己的独特；再扶持当事人"从深处走来"，不惮于生活中的各种评价，敢于活出独特的自己。

我是普通人

　　每个人都是独特的，同时又是普通的，他既是一个区别于任何他人的独立个体，又是同属于整个人类的普通一员。过于追求特别感，拒绝普通，把太多的精力花在追求"与众不同"上，反而压抑了自身独特的能力；他们在外在形式上标新立异，却不往自己的深处行进，渐渐失掉了内在的智慧。

　　最近想到一些词汇，它们负载着很不一般的心理学意义和文化意义，颇值得做一番辨析。例如，在我过去写的文章里，时常会讲到"独特""成为独特的自己"；在直面辅导的经验里，我却发现一些心理症状有一个本质：当事人过于追求"特别"的感觉，一定要"成为特别的自己"。

人是独特的，意思是说，人类中没有重复的人，不管科学发展到什么程度，我都无法相信心理和精神意义上的"克隆"，每一个人以其独一无二的品质存在于这个世界上，他独一无二的性质里有天赋或创造的成因，又有经验的塑造。每个人都是独特的，同时又是普通的，他既是一个区别于任何他人的独立个体，又是同属于整个人类的普通一员。不管我们怎样强调人的独特性，都不能忽略、抹杀他的普通。可以说，在一个人的自我意识里，独特与普通协调共存、相辅相成。

但是，一个人在成长过程中，因为受到文化因素的影响，他的内心里可能发展出一种过度的特别感，以至于他坚持要求生活在这种特别感里，拒绝接受自身与生活的普通，这种特别感反而阻碍他走向独特的成长之路，使他不能成为独特的人，也不愿成为普通的人，最后成了"病人"，他的"病根"就是内心里根深蒂固的特别感。

婴儿从母亲的眼光里感受到自己非同一般，又在身体上受到特别的照料和保护，他的安全需求得到了满足，由此发展出对他人、对自己的信赖。这时，他的基本感觉是——"我是特别的"，环境与他人都是为了满足他的需求而存在。他饿了，就会哭叫，妈妈立刻就出现了，非常灵验，屡试不爽。

他带着这种特别感走到幼儿时期，这时，在他的感觉里，他依然是世界的中心，一切都围绕他旋转，他跟世界的关系是，"我走，月亮也走"。他用魔幻思维在理解自己和世界，发现自己超拔于世界之上，可以不受生活规则和自然规律的局限，可以随心所欲地安排万事万物，调遣千军万马。他的要求会通过神奇的方式得以实现，要改变一件事情，不需要经历过程，奇迹会在一瞬间发生；要达到一个目的，不需要任何努力，只要找到一个机关或按下一个按钮。他可以幸免于难，永远都不会死，或者死了还会复活。如果他的生活中有什么烦恼，他可以去做白日梦。在这个魔幻思维时期，一个人的特别感达到了顶峰，也是人生发展阶段中的一个自然现象。

从婴、幼儿时期开始，一个人的感觉世界就在跟外面的真实世界发生对接，只是在成人眼中，这种对接的方式显得相当奇特，这就是成人津津乐道的孩子的天真可爱。例如，身为教授的爷爷这天带着小孙儿走在马路上，闲聊中问孙儿将来想做什么，孙儿回答："我要做他。"——顺着孙儿手指的方向，爷爷看到一个人手拿小旗子在马路口指挥自行车和行人过马路，这就是小孙儿的人生理想。

随着孩子继续向现实生活开拓进展，他越来越多地接触到自我和世界的普通，并且开始接受这种普通，渐渐发展出一种在生活中扎根的普通感。但问题在于，某种类型的成长环境，可能会使这种特别感受到强化，以致阻碍了特别感跟普通感的交融，而过度的特别感会成为滋生症状的温床。

有两种成长环境会在孩子的内心培植过度的特别感。在一种环境里，孩子缺乏跟现实世界的联系与互动，因为成绩好，他被认为是绝顶聪明的，因此享受各种特别的宠爱，成为所有人关注的中心，受到过度的保护，他的愿望总能得到满足，他的行为可以不顾规则，他犯了错误，可以不承担责任，他自己的需求就是一切，而别人的需求和感受他体会不到……所有这些因素，让他的自我跟他人隔离开来，享受着凌驾于世界之上的特别感。

在另一种生活环境里，有过于严苛的规则和太多的道理，孩子受到过度的忽略，感受不到来自亲人的关爱，只是一个人走来走去，心里有许多的担心。出于安全起见，他放下自己的需求，严格按他人的规则和道理去做，他的成长目标就是做一个符合父母、老师、周围人要求的"乖孩子"……久而久之，他内心的小小自我就会穿上一副铠甲，在现实中，他的言行举止全是出于防御，从来不敢表达真实的需求，只有转向内心去塑造一个夸大的自我，拼命追求一种自我标榜的特别感。

带着过多特别感的孩子，在家庭里、幼儿园、小学，甚至到了中学，因为成绩好、长得好看、乖顺听话等，总是受人瞩目，他们习惯于用自身最光彩的一面与世界接触，把内心里自然的需求抑制下去，在暗中维护着一个特别的世界，以及置身其中的特别感觉。甚至在相当程度上，他依然生活在一种魔幻的体验中——我是特别的，我与众不同，我一枝独秀，我要成为神……

　　但到了初中，更多是在高中，或者大学时期，他们开始出现心理的困扰。究其根由，是他们内心那个特别的世界与现实的世界无法感通，特别感过强的自我在人际关系中不断遭受冲击，使他们感到困惑，变得暴躁，甚至产生焦虑、强迫、抑郁等症状性的反应。他们的自我陷入一种基本冲突：他们内心里极端要求"特别感"，无法接受自身的"普通性"；他们习惯于过去的成长环境，难以适应现实世界的各种情况。当生活逐渐向他们显示其真实性的内容，他们变得无所适从。他们需要有个人经验去应对生活中的真假规则，而他们缺乏的恰恰就是个人的经验。

　　这个世界能容纳所有的普通人，连最伟大的人也在大多时候生活在普通的状态里，而这与他们的期待完全不同，他们必须在每时每刻都生活得光彩照人，生活在受人关注的状态里。世界总有不遂人愿的事情发生，我们是普通的人，能够接受无法避免的受苦。但是，对于拥有过度特别感的人来说，接受是困难的。他们要求快乐，每时每刻都必须是快乐的，结果反而让自己受许多无意义的苦，即症状的苦。

求助者是一位高中生，退学在家，父母带她来接受心理咨询。谈及退学的原因，当事人说是因为自己很不愉快，"感觉到以前从来都不知道的一个世界""好像是另一个世界一样，但我又描述不清楚"。这些话听起来很模糊，但我暗自觉得十分贴切，这正是她的感觉。在她内心里，一直保留着一个世界，以及一个拥有过度特别感的自我。但现在，这个内心的世界和这个特别的自我正在遭受现实世界的冲击，通过一些现实事件或生活经验表现出来，她不知道发生了什么，因而陷入一种被颠覆的困惑之中。她自己并不明白"这个不同的世界是指什么"，很想找到答案，但发现自己的思考是"不符合逻辑的""胡思乱想的""疯狂得连自己都不知道在想什么"，而且，"不想不行，去想，反而更加迷惑了"。

谈话过程中，当事人内心里一个观念或要求浮现出来："我必须得到生活环境中所有人的喜爱和称赞。"而这种要求源自她的幼年经验：在她幼小的时候，她可爱得像一个天使，得到所有人的喜爱和称赞。因此，当事人表示，"如果现在得不到，我就受不了"，因此，"一遇到困难，我就拼命想小时候"，脑子里经常出现的假设是："如果一直生活在小时候，就不会这样了，什么都好了。"当事人的父母不知道孩子身上发生了什么，会变成这个样子。在他们的心中，孩子一直聪明、美丽、成绩最好、人见人夸……对此，当事人自己更是困惑不解。

当事人（反复说）：我感觉自己好像少懂了一点东西。

咨询师：那是一个什么东西呢？

当事人：那个东西在社会中，在人与人的交往中，在很多很多地方，它对我很重要，它对每一个人都很重要。我不知道是我少了这样东西，还是这样东西并不存在，但我又感觉到它的存在，而且，它不是通过学习知识就可以获得的，一个人读一辈子书，可能还是得不到它。但有些人就有。这种东西，有些心理医生都不知道。它是这个世界上很客观的那种东西。

有时候，我想它应该是不存在的，但我又不确定，到底是我以前从来都不知道它是存在的，还是它并不存在？我跟同学在一起的时候，发现他们有，但我没有。回到家里，爸爸妈妈问我怎么啦，你到底要什么，我就躺在地上哭，我说不出来呀。我说不出来呀。

咨询师：你能不能给这个东西起一个名字？

当事人：我的语言不够描述它。

咨询师：有没有什么东西跟它是相似的或相反的？

当事人（想了想，勉强地说）：就好像和天真是反义词吧，好像就是成熟。

那次面谈，我们为找到这样一个东西并且给它起了一个名字而高兴。这种东西，当事人给它起的名字叫成熟，我曾经也用过一个词来描述它，叫度。它是从经验里长出来的，不是知识和道理可以给予的。在知识和道理里长大的孩子，长出了过度的特别感，却因为缺乏经验，就长不出这种"成熟"或"度"来。

我总想，在我们的自我意识里，除了"我是特别的"，可不可以同时容纳一个"我是普通人"？问题恰恰就在这里。我带领过一些成长小组，其中有一个内容是让小组成员进行自我体验：我是一个普通人。但我发现，许多人不大容易接受这一点，他们的疑问很多，"如果我是一个普通人，是不是说我不是一个独特的人？""如果我接受自己是一个普通人，是不是说我接受自己不行？""如果我是一个普通人，我有什么好的？生活有什么好的？"还有一个小组成员说："我根本就做不了一个普通人，普通人有的东西，我都没有，普通人能做到的，我都做不到。我什么都不是，我不过是一个病人。"

在某些类型的心理症状背后，的确存在一个非常强烈而深刻的欲求：我必须非同一般。但这种欲求的目标不是独特，甚至相反，一个人正是因为不了解、不确认自己的独特，反而如此要求特别，要求做人上人、做超人、做神，哪怕为此受许多无意义的苦，失掉一般人都有的幸福，甚至毁掉自己，也在所不惜。他们并不知道独特是什么。

因此，透过症状可以看到这样一群人：

他们是如此特别的人，却生活在许多普通的人之中。

他们是带着魔幻世界观的人，却生活在一个普通的世界里。

他们觉得自己非同一般，只要活在那些光彩照人的时刻，他们在自己的内心筑造了一个圣殿，圣坛上供奉的是一个特别的自我。

他们过于追求特别，拒绝普通，把太多的精力花在追求"与众不同"，不能接受与人相同。

他们不甘人生中的普通场景和时刻，他们要求完美，要求受人注目，他们的表达不是为了表达思想、传达感情，而是为了让人看到他们口才有多好。

他们追求特异的功效，不愿接受改变的过程。

他们要求生活必须怎样，而不愿意自己做出改变。

他们追求特别的欲求太强，反而压抑了自身独特的能力。

他们在外在形式上标新立异，却不往自己的深处行进，渐渐失掉了内在的智慧。

这种特别感根植于他们内心极深的不安全感。他们以为，特别的人可以免于人类被赋予的有限性（如人必有一死），免于生活环境中的各种不测（如人为的和自然的各种灾难）。

纪伯伦说："创造众人的泥土，也是创造我的泥土。"但对过分追求特别感的人来说，创造他们的泥土是特别的，不是普通的泥土。"我是普通人"——我们可以从这个地方出发，去成长，去成为自己。不管我们怎样实现了自己的独特，我们依然是普通人。

直面生活

处于顺境时，享受；处于逆境时，承受；处于无法改变之境时，接受。

我们内心的倔根

生活中所有的压抑、退缩、不肯定、不坚持、不承担、不表达，都点点滴滴被抑制到内心里，聚积而成为培育"倔根"的养料。那未能表达的许多个意愿，会在内心变成极端的欲求；那习以为常的无数次放弃，会在内心形成逆反的情绪。几乎可以肯定地说，"倔根"是在受压抑的环境中培植出来的，这特别易发生在一个人的幼年时期。

内心的倔根

在某些类型的求助者身上，他们的心理困难总反映为一种矛盾或对抗。

对抗的一方是：当事人把一切问题归咎为一个情况（如"脸红""出汗""不敢跟人对视"等），心急火燎地要弄明白一切。他们前来寻求心理咨询，似乎就是要得到一个答案；他们以为，只要有了一个答案，一切问题就迎刃而解了。我把当事人的这一倾向称为"为什么"。

对抗的另一方是：自从出现某种"异常"的情况，他们一直都在问为什么。最开始是自问自答，但不得其解。接着，他们会转而向环境提问。周围的人，特别是父母，总会给他们提供各样的答案，但他们的"为什么"反而越来越多，以至于无穷。父母终于无奈，周围的人也纷纷回避。最后，他们扛着"为什么"前来寻求心理咨询。如果咨询师只是想给他们提供答案，试图用生活的常理来说服他们，结果会把咨询变成一场无休止的问答循环，终归无效。我把当事人的这一倾向称为"凭什么"。我的意思是说，他们表面上在追求答案，但并非真的想知道为什么，对于他人提供的答案，他们会有一种潜意识的抗拒："凭什么听你的？这些道理我也懂。"因此，我们可以说，他们处于"为什么"和"凭什么"的冲突里。

"为什么"是表面的，"凭什么"是深层的。如果心理咨询只是在表面上回答"为什么"，那就无法触及"凭什么"的层面，治疗只能是扬汤止沸，而不能釜底抽薪，甚至沸也不能止，反而激溅出滚滚的热水，烫伤了自己，烫伤了对方。因此，当我们说到心理咨询的"专业性"，其中包括，心理咨询不只是在说理的层面上进行，在某些根源性的东西没有得到领悟和处理之前，说理总是无效的，甚至是有害的，会使症状变得更加严重。

有一个人不敢出门，因为他担心会有陨石从天上落下来把他砸死。这听起来荒诞不经，但你无法以理服人。他问："如果我走在街上，会不会有陨石正好落在我头上把我砸死？"你对他说"不会"并不能解决问题。事实上，他内心里也知道不会。但他会继续问你："为什么不会？"意思其实是："你凭什么说不会？"

从绝对的意义上看，哪怕你是世界上顶级的天文学家，也不能保证这样的事情不会发生，因为这压根儿就不是一个天文学问题。因此，当事人有理由害怕，并且有理由坚持害怕下去，你的道理、你的科学，无法让他不害怕，无法阻止他害怕下去。他的恐惧扎根很深，给他讲道理，只能触及其表面，但不能动摇其根底。这个根底就是我所说的"内心的倔根"。

倔根的形成

一个心理治疗师，如果不了解当事人内心里有这样一个"倔根"，他就很难明白，坐在面前的这位求助者为什么在生活场景中表现为缺乏自信、犹豫不决、没有主见、

205

轻易放弃等，而在咨询室里却是如此固执、逆反、抗拒，且坚定不移、持之以恒地捍卫他的症状——某个荒唐可笑的恐惧（如害怕陨石落下来会砸到他；因为被一根刺扎到了，自此担心会得艾滋病；害怕理发会感染病毒）。一年、两年、五年都过去了，他一直害怕着，任凭他生活的资源日渐耗损，生命中最好的时光正在虚度，他却绝不改变、绝不放弃。当然，他会言之凿凿地反对说："不是我不放弃症状，而是症状抓住我不放。"于是，他在那里继续问着"为什么"和"凭什么"，把他的症状维持下去，五年、十年，乃至一生。听其言，观其行，你会感慨：他简直不惜毁掉自己的一切，而且有充分的理由那样做。

眼前的这位求助者，向我呈现的是这样的生命条件：大学毕业，口才好，有头脑，有才情，甚至有很好的思辨能力，身材高大，相貌堂堂，甚至性情豪爽，能交朋友，颇得女孩子喜欢；毕业后，在一个大学做行政工作，工作能力亦强……但在这些条件之下，我看到他生命里暗藏着一个"倔根"，它潜隐地伴随着他，在暗中拆毁他的生活。

事情似乎肇因于他大学毕业前的一堂实习课，他在给学生上课时念错了一个字。自此，他开始担心班上的学生会以讹传讹，从而导致越来越多的人把这个字念错，而他成了这个可怕后果的始作俑者，简直是罪魁祸首。这种恐惧就是从他"内心的倔根"上长出来的第一个小芽。此后，"内心的倔根"在他的生活中继续催生新的恐惧念头，把他带入更深的神经症恐惧中去，直到最后成了："是不是人类的文字本身就有问题？""是不是宇宙从一开头就是错的？"

大学毕业之后，当事人进入工作环境，他十分敏感，非常在意别人的看法，对领导察言观色、言听计从，虽然有时心里并不同意领导的看法，还是把自己的想法强忍下去，强求自己迎合领导的思路，对领导点头说"是是是"。

在这个表面顺从的过程中，他内心的逆反情绪日积月累，但又不能直接表达出来，就形成了内心的强烈冲突，通过潜意识的加工运作，把它们转移成为症状。这就符合直面发现的"压抑—转移"的心理应对模式——那些不能表达的东西，被压抑到内部，久了、多了，就从那里长出倔根，发出症状。所谓心理症状，本身是一种变相的反抗，其中暗含"凭什么"的逆反情绪，但这种逆反是针对自己的，会给自己造成损害，是一种内惩或自惩。

在面谈过程中，这位当事人向我述及他的幼年经验，其中包括，他小时候十分胆小，从来不敢在课堂上举手发言，想小便但不敢跟老师讲，就一直憋到回家去解决。为了避免麻烦，他坚持不喝水，少吃饭，但有一天还是发生了这样的事：他在上课时，终于憋不住把屎尿拉在裤裆里。

当事人说到这里，问我这与他现在的问题有没有联系？我说，从象征的意义上来看，当事人现在跟领导的关系就是一个憋屎憋尿，终于忍不住拉一裤裆屎尿的过程。在这样的环境里，他内心里压抑了越来越多的情绪，憋得难受时，就一趟趟往家跑，找机会向父母发泄一通，不断问母亲"为什么"，母亲的回答又激起他的"凭什么"，由此导致更多的情绪压抑、累积，憋得久了，憋不住了，那长期压抑在内心的情绪就用症状的方式表现出来。

没有适当的表达，会导致不适当的压抑。一个人在生活环境中不断压抑自己，会变得越来越没有主见，但在暗中，他们的内心却长出了一个"倔根"。随着他们在生活中不断放弃自己，内心的"倔根"就在茁壮成长。生活中所有的压抑、退缩、不肯定、不坚持、不承担、不表达，都点点滴滴被抑制到内心里，聚积而成为培育"倔根"的养料。那未能表达的许多个意愿，会在内心变成极端的欲求；那习以为常的无数次放弃，会在内心形成逆反的情绪。几乎可以肯定地说，"倔根"是在受压抑的环境中培植出来的，这特别发生在一个人的幼年时期。

家庭环境中培植"倔根"的条件或因素有许多，如父母对孩子过度宠爱或过于强求、过多体谅或过于忽略、包

直面生活

办代替与过度保护、过多威胁与剥夺、过度敞开或封闭、太要面子与太讲规条、过多赞赏孩子聪明或过多嘲笑孩子愚笨，等等，都会在孩子的内心培养出"倔根"来。如果这种"倔根"有足够的能量，就会在一个人的青少年时期，开始崭露头角——哪怕只是小荷才露尖尖角，也足够让许多父母惊讶、惶惑、慌乱、失措、无奈：在他们眼中一直乖顺的孩子，怎么会突然间仿佛变了一个人一样？

随着当事人长大成人，他带着这个隐而未现或初露端倪的"倔根"进入社会人际环境，继续发展他"在外面受压抑，在内心长倔根"的生活模式，这个"倔根"会继续朝当事人的生命系统里延伸和发展，从他的情绪、思想、意志、行为里汲取更多的养分，变得更加盘根错节、根深蒂固起来。

受到生活中某个偶然事件或某种特殊环境的刺激或激发，这内心的"倔根"就开始以症状的方式出现了，宣告它的存在，展示它的力量——最开始，当它在理性的土地上冒出苗芽时，看上去还幼稚弱小，显得滑稽可笑，如"人有没有原罪？""那天有一只狗从我身边走过，碰到了我的腿，我会不会得狂犬病？""我去理发，会不会感染上艾滋病毒？""为什么我跟人讲话会脸红、出汗？"

当事人提出这样的问题时，他的每一个亲人都以为这是很简单的问题，并且每问必答。但问着答着，他们的父母受不了了，周围的人（甚至一些咨询师）也受不了了。他们不知道，这些小小问题的背后其实有十分强大的非理性能量，来自当事人内心里培植了多年的"倔根"——它充满了盲动的力量，在它的背后，有受到无数次威胁而形成的恐惧源在要求绝对的保障，有遭到多少次剥夺而造成的需求空缺在寻找无餍的补偿，有由一个个被压抑的意愿构成的极端欲求一定要在任何事上都十全十美，有由多少个未实现的渴望组成的完美期待非要把自己变成神祇不可。它们像被施了魔法，变成了一种强迫性的症状力量，简直要摧毁一切理性，颠覆整个世界，让一切听命于它的意志和欲望——他用"为什么"来求证一切，他用"凭什么"来抗拒一切。它把一个人变成症状的牺牲品。

这里，我要反复提醒：家庭环境中的溺爱与专制都会在孩子生命里培植出一个"倔根"，它深植于潜意识，它对生命成长产生阻碍，对自己与他人造成伤害。它会表现为情绪的困扰、心理的症状、人格的障碍，甚至在没有被觉察和处理的"倔根"上会长出一个人的命运。

倔根的作为

"倔根"扎根于潜意识，那里有一个创伤性的需求空缺，它只要满足自己的欲求，不顾其他一切。症状的本质之一，是追求代偿性的满足，在它背后有一个永不餍足的饕餮大口。

有一位20多岁的女子，她身上几乎具备同龄人中最好的生命资源和生活条件：年轻貌美，名校毕业，留学海外，家庭富有……但这一切并不能使她超越自我的局限或免于现实的困难，因为她是人，而不是女神。因此，当生活变得不尽如人意的时候，她会独自走回到过去，在幼年时期的一个小小丧失里滞留与徘徊。例如，她5岁那年学画，表现出"非凡的绘画天赋"，但妈妈用了一个"借口"，使她未能继续上绘画班。此后20多年来，她对那未能实现的绘画才能有无限的联想，对妈妈有持续不断的抱怨，说妈妈阻断了她成为最优秀艺术家的发展生涯。在她的解释里，这简直成了她一切自我困扰与生活困难的根源，现实中任何一个无法实现的目标，都被她解释成唯一的、绝对的、生死攸关的东西。

在直面的经验里，我看到，在许多求助者身上，幼年某个未曾实现的意愿变成了一种需求的空缺，虽然时过境迁、物是人非，当事人坚持要求得到满足，由此激发出各种代偿行为，其本质是，要求拥有一切，要让自己完美。在我看来，这样的行为简直具有一种"殉道"的意味，某种无法弥补的缺憾被赋予至高无上的意义，变成了一种宗教，而他们自己的生命就成了圣坛上的祭品。正如这位当事人，当她在生活中遇到某种阻碍或者不能立刻实现某个目标，她就让自己痛不欲生，陷入焦躁不安和抑郁的状态中去。她的行为表现是用"为什么"去追求某种虚设的意义，又以"凭什么"抵抗真正的医治与成长。

"倔根"滋生盲目的执着。之所以称这种执着是盲目的，是因为它不是出于自我觉察和自我确认，而是把坚持的力量倒行逆施，不适当地使用或用于不适当的地方，因而不能创造出价值，反而造成了贻误和损害。可以说，症状的本质就是不适当，症状的行为显示为一种错位或倒置——当事人本来是想追求最高的生命价值，却在不断地进行一种无意义的重复行为。

"倔根"滋生过度的情绪关注。症状显示出的一个根由，是当事人持有一个基本信念——生活必须是快乐的。如果心情不好，他就停下来为自己的心情不好而焦虑，把生活放在一边，不去做事，也不与人交往。在相当长的时间里，他盯着自己的情绪状态，生怕那里出现一丝"异常"。但问题在于，他越是盯着情绪，对情绪越是敏感，情绪就变得越是不可靠。在他的头脑里闪现一个念头，在生活中发生一件小事，都会激发他的情绪反应，成了"风乍起，

直面生活

吹皱一池春水"。这样一来，当事人就像是驾着生命的小舟，行进在"为什么"与"凭什么"的情绪波涛之中，忽而被抛向浪峰，忽而又跌入浪谷。他没有等来好情绪，反而失掉了生活，等来了症状。

"倔根"渗透着极深的猜疑。这种猜疑弥漫了当事人的情绪、思考、学习、工作、人际关系等，使他做什么，怀疑什么，一边做，一边怀疑。就这样，当事人陷入这样的生活状态——他总是卡在中间，悬在半空，不能这样，也不能那样。

这种猜疑也反映在心理咨询方面，表现为：接受心理咨询之前，他怀疑心理咨询会不会有用；开始接受心理咨询，又怀疑这是不是太晚了；在心理咨询的过程中，他又不断用"为什么"和"凭什么"来抗拒对自我与生活进行的探索、自我对问题的探讨，以及对解决策略的寻求，更因为怀疑而不去采取改变的行动。他有一个潜意识的目的，就是保护症状，而不是消解症状。因为从本质上讲，症状对他来说是一个避难所，为他逃离生活困难与回避自我困扰提供庇护。然而，直面的医治就意味着当事人必须从症状里走出去，回到所来之处——进入生活的状态，去面对和处理那里的困难和内心的困扰。

"倔根"隐藏着极深的不安全感。这种不安全感使当事人要求一切都必须明确，有绝对的保证，他无法承受事物的暧昧状态。对他来说，任何一个模糊的地方，都可能潜伏着不安全因素，他要立刻弄明白一切，以保证万无一失。因而，生活在一个总有模糊与阴影的世界里，当事人时时感到惶恐不安，生活中和内心里出现任何一点不分明，都会逼迫着他前去检查与验证。出于不安全感，他会在人际关系中寻求依赖与补偿，但为了让关系有绝对的保障，他会强求对方。因为害怕失去，他会去控制对方，不给对方留任何空间，结果反而造成损害，以致失掉关系。同样出于这种无意识的不安全感，他会要求事情尽善尽美，反而凡事患得患失，犹豫不决，不能做出选择，或者在选择之后后悔不已。他也会苛求自己完美，以为只有自己完美了，就安全了。但结果往往是，因为得不到完美，他就觉得自己一无是处，反而陷入更大的不安全感里。就这样，出于不安全感的驱动，当事人要掌控一切，结果让自己劳累不堪，反而过着失控的生活。

"偃根"里有一种虚幻的力量。它损害当事人的自我意识，取消其生存的实在意义，遮蔽对自身价值的真实感受，使他在生活中漂若浮萍，不敢坚持自己，过于在乎别人的看法，总想讨别人的欢喜，因而不断削弱自己，渐渐失掉自己。受到内心虚幻力量的支配，当事人滞留在旧日创伤的片断经验里，不能进入现实的经验中去。他四处寻求安慰，以致发展出自我安慰的症状行为，在这种虚幻的安慰中越来越脱离现实，渐渐失掉跟现实的关联。当事人在现实生活中飘浮于事，飘浮于人际关系的表面，沉溺于各样联想与幻想，成为无心的、不能扎根的人。他的自我意识或自我觉察都受到了损伤，他生活在飘忽的感觉里，经而不验，随波逐流，"如同行尸走肉"，对生活失掉了感受力，变得模模糊糊。有一个当事人反省道："这就是我一直没有什么记忆的原因。"

"倔根"是由许多受压抑、被损害的经验凝聚而成，它激发防御与逆反的行为反应。在直面的经验里，症状反映的本质是过度防御，而过度防御的背后总是没有觉察和处理的创伤经验。创伤使人产生恐惧，恐惧让人产生回避，在内心里筑造一个防御系统，在行为表现上总是回避关系，排拒资源，小心翼翼地保护一个敏感的、容易受伤的自尊。结果造成内在潜能受到抑制，以至于当事人陷入自我封闭、资源匮乏的状态。

"倔根"的本质是刻板的，而非变通的。"倔根"太深的人，生活在形式主义的层面，不能享受充分的自由和创造。用一个典故来说，对自己的"倔根"无所觉察而受其控制的人，就像扛着长杆进城门，只知横着进去，不知竖着进去。结果是，他扛着长杆，不能顺畅地进入学习、工作、人际关系的大门，更不能登堂入室，只是在生活的城门之外进行着大量无意义的折腾。

"倔根"的本质是逃避，而非直面。受"倔根"的控制，一个人在生活中一遇到困难，就感到难受，一感到难受，就做出逃避的反应，为了让自己的逃避显得正当，当事人会利用合理化的心理机制，用过去破碎的创伤经验对生活做出阐释，为自己找到逃避的理由。结果，他们把理由变成了症状，自此躲在症状里，任凭现实的资源和自身的条件日渐耗损。

最后，"倔根"是一个象征。症状不是一个可以从生命中抽离或分割出来的具体物，它背后有一个无形的"倔根"，其根须伸展到生命系统的各个方面，阻碍生命有效地行使功能。症状无法通过手术割除，不能通过药物消除，也不能用心理咨询的某一种方法、一通道理把它一下子连根拔起。直面的医治是一个系统工程，它要求直面咨询师去探索当事人的生活经验与生命系统，从中检测出受到"倔根"影响的每一个部分，并且促成当事人对之有所觉察，从而渐次深入地消解它的非理性能量，循序渐进地进行修复，使当事人尽可能恢复和发挥生命的功效。

人与自己的对抗

当事人是一个年轻的女性，来接受心理咨询之前，她反复问男朋友："为什么你刚刚结束一场恋爱，很快又爱上了我？"对这个问题，不管男朋友怎样回答，都不能让她感到称心满意，她心里就是不踏实。越是不踏实，越要问下去，结果是，她跟男朋友的关系就成了没完没了的提问与永不让她满意的回答。

在面谈中，求助者往往会问你一些问题，要求你对这些问题——做出回答。而这些问题，往往反映的是当事人内心的冲突——这冲突让他长期处于与自己的对抗之中。当他在咨询中向你提问时，他就把这种自我对抗的另一面抛给了你。如果你对他的问题直接回答，就等于接招，很可能使对抗在你与他之间发生和持续。结果，他跟自己对抗，解决不了冲突，跟你对抗，也解决不了问题。

依我的经验，当事人向你提问，你不必提供答案，却必须做出回应。不对问题直接回答（这不是绝对的），是为了避免陷入冲突，对当事人做出回应是为了跟他建立关系，促进他的自我探索和自我理解，让他发现，他向你提出的问题，其实没有答案。当事人之所以长期陷入自我对抗，是因为他一定要找到一个万无一失的答案，如果找不到这个答案，他心里就觉得不踏实。为了让自己踏实，他四处提问，四处找答案，但他所找到的，却是更多的对抗，绝对的答案永不出现。要知道，心理困难的形成，往往是从这点"不踏实"开始的，当事人为了得到安慰，走了漫长而曲折的路，反而让自己变得越来越不踏实了。

症状的本质是人与自己的对抗，当事人自己并不真正知道这一点。如果你只是给他提供答案，会使他转身投入跟你的对抗之中，反复向你问同样的问题或类似的问题，只要你做出回答，就会被他拉到对抗之中。在咨询中，咨询师常常遇到这样的诱惑，稍有不慎，就让自己卷入一场对抗性的辩论，这不会有什么结果。其实，这对抗是从当事人的内心冲突中延伸出来的，在他来接受心理咨询之前，已经延伸为他跟生活环境中的人（往往是他的亲人）之间的无数次对抗，但对抗却无效。现在他走进咨询室，开始向你抛出一个或更多的问题，这些问题往往是他在潜意识中精心挑选出来的，它们最具引发对抗的诱惑性，会让好为人师的咨询师无法抵御。

当事人是一个年轻的女性，来接受心理咨询之前，她反复问男朋友："为什么你刚刚结束一场恋爱，很快又爱上了我？"对这个问题，不管男朋友怎样回答，都不能让她感到称心如意，她心里就是不踏实。越是不踏实，越要问下去，结果她跟男朋友的关系就成了没完没了的提问与永不令她满意的回答。终于，当事人决定来接受心理咨询，把同样的问题抛给了我，让我如鱼临饵。

我没有直接回答，反而用她的问题引出我们之间的一场探讨：她为什么会如此关心这个问题？在探讨过程中，当事人发现了，原来她不愿意接受男朋友跟她恋爱之前有过女朋友。这对她来说是一个缺憾，而这缺憾让她感到不安全、不踏实。她向男朋友要求一种纯粹的关系，因为只有纯粹才让她感到安全和踏实。再有，男朋友跟她恋爱之前有过一段情感经历，或者不止一段，而她自己却没有，相对而言，她一直纯粹地在等待着他。他来了，却带着一些过去的故事，这让她接受不了，仿佛自己吃亏了。于是，为了获得心理上的平衡，她不断用问题折磨他。在她折磨

219

男朋友的时候，她让自己也饱受折磨。对发生的这一切，她不是有意为之，而是潜意识使然。

就这样，我们沿着当事人提出的问题，走进她内心冲突的根源。当事人在成长过程中，她的父母永远都不会一致，永远都在她面前争吵不休，即使双方沉默以对，也是一种暗中的冲突。久而久之，父母的对抗以潜隐的形式沉淀到当事人的内部，盘踞在深处，在那里形成争辩不休的声音。

在我们的辅导中充满了这样的事实：父母双方一个过于严苛，另一个就会过于保护，结果会把这种对抗的形式转移、培植到孩子的内部，形成他们内心的冲突，导致长期的自我对抗。例如，在当事人的观念里，所有的欲求都被标注为"不好"或"不道德"，表现在生活中，当她感到开心的时候，就会担心有不开心的事情发生，于是她常常压抑自己，为了安全起见，让自己不开心。有时候她很想休息一下，但看到别人在做事，良心就会出来谴责她，于是她让自己一直做事。

当她看到男朋友的表现是，该玩就玩，该享受就享受，她的冲突就出现了：为什么他可以这样，我不能这样呢？继而，为什么我这样一个规矩的女子，会爱上这个过去有不少故事的人呢？就这样，她陷入冲突里——她用妈妈的眼睛看男朋友，跟男朋友起了冲突；又用男朋友的眼睛看妈妈，跟妈妈也起了冲突。

如果这里借用一下弗洛伊德的精神分析，我们可以看到，在她身上，本我要求自然的享受，超我绝不允许，自我就在二者的对抗里变得焦虑了。超我是父母在她内心里建造的一个裁判所，良心是它的差役。每当她在生活中有片刻的享受，差役（良心）就会喝令她遵守"应该"（超我）的律令，她只能通过永远的劳碌，才能让自己心安，片刻都不能停下来。就这样，她把自己变成了西西弗斯式的 human doing（存在于"事"），而不是一个可以合理满足自己需求的 human being（存在于"世"）。

在直面疗法看来，健康、和谐的人生有合理"三受"：一是享受，二是承受，三是接受。但当事人不能合理享受，而是压抑自己的正当欲求，让自己生活在不快乐之中；当事人也不能合理承受，而是把不该承担的东西都扛在自己身上，让自己生活在压力之中；当事人不能合理接受，总是强求自己完美，强求事情按自己的意愿发生，包括强求男朋友跟她一样，于是，她就生活在无效的对抗之中。

心理问题的根由是人与自己的对抗，而直面的治疗就是帮助人找到有效的途径去处理内心的对抗，建立新的态度，采用新的方式，不追求一方胜过另一方，而采用一种悖论的方式，消解冲突，取消对抗。

甘与不甘。一般认为，当事人向咨询师提出问题，咨询师给予解答，问题就解决了。但是，直面的解决之道恰恰不在于给予答案，而在于不给答案，更在帮助当事人建立一种不求答案的态度，这种态度建立在对问题、对自我的深度觉察的基础上。这就是直面辅导的悖论——当事人一直寻找答案，却没有找到答案，什么时候她让自己不求答案，答案就自然出来了，这个答案就是，原来就没有答案。当事人的问题根源在于"不甘"，而问题的解决之道在于"甘于不知道"。"甘于不知道"是当事人需要发展的一种能力，也就是一个人从黑白分明的世界里走出来，长大了，具备了一定承受暧昧的能力。

回避与直面。心理困扰往往出自这样一个悖论：当事人在生活中总想找到一种方式，让烦心的事情可以过去，让自己可以"省心"，为了让自己"省心"，她会采用回避的态度和方式。结果回避的态度和方式不能"省心"，反而"耗神"，久而久之就形成了心理的困扰。直面疗法的悖论在于：回避不能让人过上"省心"的生活，反而要"用心"去直面，从生活艰难中穿越，获得经验，磨炼出一种化繁为简的能力。

关联与拒绝。直面疗法有两个基本点：一是讲关联，

直面生活

就是跟有利于成长的资源建立关系；二是讲拒绝，就是跟有损于自我的势力断绝关系。从直面的角度来看，心理问题的另一个根源是当事人出于安全考虑而发展出过度的关联，却缺乏勇气做出适当的拒绝。在当事人身上，因为拒绝能力太弱，自我就长不出来，反而在回避、退缩中受到不断削弱。直面疗法的关键，就是协助当事人发展一定的关联能力，从而获得自我成长的资源；但更关键的是，帮助她发展出适当的拒绝能力，在生活中敢于面对，敢于承担，敢于做自己。

逃跑与停留。面对威胁，人会害怕，因而会逃避，以求安全，这是一种生存机制。但心理问题反映的悖论是：因为过度害怕，人以为世界末日来了，会盲目而疯狂地逃避，表面上看，他逃避的目的是求安全，求生存，但在本质上，他惊慌失措的逃避却让自己陷入更加危险的境地，是在奔向自己的末日。直面疗法提醒，人可以奔逃，但在奔逃途中，让自己停留一下，让自己有空隙回头看一眼，看清楚威胁来自何方；往内心里看一眼，弄明白自己到底害怕什么；朝前面看一眼，知道自己在逃向何处；在跟这位当事人谈话的过程中，她把这称为一种 stay（停留）的能力。

不安全感与绝对保障。心理症状的最深处是一种过度的不安全感，它在暗中释放着强有力的影响力，驱使当事人在生活中四处寻找绝对的保障，其中一个表现就是，要求自己与他人必须完美，而当事人不断提问，想寻找的就是绝对安全。直面辅导的目标，恰恰是让当事人接受这样一个根本性的悖论——我们的生存基础是两个基本事实：一是这个世界没有绝对保障，二是人是一个有限的存在。因此，面对当事人的问题，如果咨询师必须给出一个答案，那答案只能是：在这个世界上没有绝对的确定，这是唯一我可以绝对确定的。

生活三"受"

　　我们观察生活，发现生活包括三个部分——第一是享受的部分，第二是承受的部分，第三是接受的部分。我们考察心理症状，发现症状反映三种人生态度——不去享受，不能承受，不愿接受。从这个角度来看，直面的辅导就是帮助当事人看到"生活三受"，做到"生活三受"。

享受，从而活得有乐趣

　　从直面的经验来看，陷入心理症状的人，以为痛苦就是一切，感到整个生活弥漫着痛苦，看不到其中好的部分、可以快乐的部分、有价值的部分，因而不能享受生活。这并不是说他的生活里没有值得享受的条件，情况往往正好相反，跟许多人相比，他有更多的幸福条件，却偏偏不去享受，不去过得快乐一些，反而让自己沉溺于痛苦的体验，活得惨兮兮的，甚至觉得自己是世界上最惨的人。生活中发生了一件不好的事，他会抓住不放，好像发生这件事，他的所有幸福条件都被剥夺了一样，从此他就再也无法快乐起来了。这时我们发现，他的态度就像是在跟生活赌气，说："如果你让这件事发生，我就要这样不快乐。"他还从过去的经历中搜集许多不快乐的事情，让自己越来越相信："生活本来就没有什么值得快乐的。"周围的人看到他这个样子，都会觉得不可思议："他并不缺少幸福的条件呀！"上帝看到他这个样子也为他感到遗憾："我赐给他的东西并不比别人少呀！"

直面的探索发现，当事人不能享受生活，背后有很多原因。例如，在成长过程中，他受到太多的强求和责备，导致良心过度敏感，以至于养成一种受虐的倾向，只要享受一下生活，就会感到内疚。再如，他在生活中太多违背自己，渐渐丧失了享受生活的能力；或者，他苛求自己完美，容不得身上有某个缺点，因而会长期盯着那个缺点不放，越来越陷入症状的痛苦。

《圣经》里记载，有一个人叫保罗，他一度因为"身上有一根刺"（某个问题的象征），反复要求上帝把这根刺拔掉，但上帝对他说："我的恩典够你用的。"后来，保罗就带着这根刺实现了自己，成了伟大的使徒。因此，症状是一种遮蔽，使人看不到生活中好的资源，也不会去享受，反而陷入一场自虐式的受苦状态。受到症状的遮蔽，一个人看过去全是不幸，看自己一无是处，看现实都是问题，看未来没有希望。而辅导就是跟当事人一起探索和发掘他生活中的"恩典"，问他："在你的生活中，有哪些事让你很享受？""你有没有去享受这些？""是什么让你不能享受这些？"我们沿着这样几条路径开始去进行具体的探索，让当事人从过去的生活中发现快乐的时光，在生命的内部发现丰富的资源，在现实生活中发现幸福的条件，在未来的发展中发现各样的可能性。

我们的面谈，就如同一场随意的漫步，跟当事人一起走进他的生活，好像是在不经意间，给他一一指点，让他看到，原来他的生活里有这样和那样值得快乐的东西。这个场景就像上帝带着亚当在伊甸园散步，让他看各样的飞禽走兽、奇花异草，并让亚当给所有这些一一取名，以帮助他确认。于是，当事人终于看到，原来他有好的工作、好的妻子（丈夫）；他的孩子很能体谅他，成绩不错；他自己在某些方面很能干，他受过好的教育，具备某些好的品质；在生活中做过一些好的选择，在他的人生发展方面，前面有希望；在他的生活中，还有各样的资源……但在过去，所有这一切都被"不好"遮蔽了。现在，当事人在我们的陪伴下一路走来，开始看到它们的存在，开始确认它们的存在，开始让它们从被长期忽略的状态里显现出来，大声对当事人说话，提醒他去享受生活中所预备的这一切的"好"。

享受让我们活出生活的乐趣，享受生活让我们爱自己、爱生活，对自己有信心，对生活有热情。观察一个抑郁者，我们会发现，因为没有享受生活，他不爱自己，不爱生活，他的生命不能在生活中扎根，甚至很容易放弃自己、放弃生活。这提醒我们，当我们充分享受生活时，我们内心里就会感到满足，我们的生命就会在生活里扎下深根。当然，我们知道，享受不是生活的全部，我们还需要学会判断，在我们的生活中，什么是可以享受的，什么不是；什么是值得享受的，什么不是；什么是适当的享受，什么不是。我们享受生活，但不沉溺于低俗的享乐主义。

承受，从而活得有价值

生活还有另一个领域，就是承受的部分。一般人会以为，遭受心理困扰的人是最能承受的，因为他长期受苦，甚至习惯于受苦。但是，他所受的苦，是症状的苦，而不是生活的苦。一个人接受"生活是艰难的"，并且愿意在其中承担自己的一份责任，他为此而受的苦，就是合理受苦，这苦是有意义的。但是，一个人害怕并且逃避生活的艰难，不愿去承担自己的责任，他最终陷入了症状的苦，这时他受的苦就是无意义的苦。因此，荣格说神经症是合理受苦的替代品。

这里需要解释，我们讲的是承受，而不是忍受。二者有一些区别：承受是自愿的，忍受是被迫的；承受可以是适当的，忍受总是过度的；承受是一种责任行为，忍受则是回避的反应；合理的承受让人产生能力感、价值感，过度的忍受则让人滋生委屈、怨恨；通过承受，让一个人获得了爱的能力，而不断地忍受会在他心里累积负面的情绪，以至于他内部的爱源都渐渐耗损掉了。

在直面的经验里，许多人因为过度忍受，反而不能适当承受；或者，因为不适当的承受，反而失掉了爱与责任的自主性。因此，在辅导中，我们需要了解当事人在生活中有哪些不当承受的情况，让他意识到，承受过度了，变成了忍受；忍受过度了，就变成了症状。我们还要帮助他做出具体的辨别，在他的生活中，什么是他应该承受的，什么是他不应该承受的；什么是他能够承受的，什么是他承受不了的；什么是他本人要去承受的，什么是别人要去承受的。他要有边界意识。对自己应该去承受的，却不去承受，这是逃避责任；对超越自己承受能力的，却出于面子强撑着去承受，这是自讨苦吃，结果损害了自己；对本来是别人应该承受的，却不适当地替人承受，这是越俎代庖，结果是让自己受了苦，并不使人得益。例如，许多父母对孩子力所能及的事也要包办代替，反而阻碍了孩子发展出适当的责任能力。

生活是艰难的，当一个人过于逃避生活的困难，他自身就发展出心理的困难。但在许多情况下，当事人并非有意为之，而是无意识的，心理咨询可以帮助他获得觉察，建立承受的态度，回到生活的困难中去，承担责任，合理做事。

辅导需要很具体地跟当事人一起探索，在他的生活中，哪些是他本来应当承受的部分，这些却被他忽略了，被他回避了，是什么样的因素在阻碍他合理承受生活之苦。我们让一个母亲发现，她照顾她的孩子，有意识地培养孩子成长，从中感受到从爱与责任而来的欣慰；我们支持一个小孩子回到学校读书，去承受功课学习的压力和与人交往的焦虑，并且渐渐看到他在这个过程中获得了成长；我们鼓励在症状里躲了很久的人去寻找一个工作，追求一项事业，并且发现他的价值感和能力感在渐渐回升。他们所做的这一切，都是"合理受苦"，"合理受苦"让人成长，让人觉得受苦而值得、而快乐、而有意义。

如果没有享受，生活变得乏味；如果没有承受，生命显不出价值。因为享受生活之乐，我们的内心是满足的，因为承受生活之苦，我们的生命是丰富的。因为充分地享受生活，我们的生命得以扎根，因为合理地承受人生，我们的生命变得成熟。

接受，从而活得有境界

最后是生活中接受的部分，与之相对应的，是我们需要具有接受的态度。症状的本质是态度。我们可以说，不是人"病"了，而是他的"态度"病了，不接受的态度，就是一种病的态度。它常常通过这样一些方式表现出来：因为发生了一件事，当事人抓住它不放，拒不接受这样的事情在他身上发生，他不知道这件事情的发生，不是由他决定的，也不是可以改变的。同样的情况如，一场车祸带走了我们的亲人，年轻的时候做出一个错误的选择，我们幼小的时候有一个愿望没有得到满足等，不管它们怎样让人难受，令人遗憾，我们都没有办法回头去纠正它们。因为它们是不可改变的，它们就是需要你来接受的。许多心理困扰，就来自当事人拒不接受的态度。他要求事情"必须"怎样，"应该"怎样，就是"不应该"是现在这样；他强求自己"必须"怎样，"应该"怎样，就是"不应该"是他本身那样。

对待人生，成熟的态度是尽力而为，接受结果。但有一种态度——他什么也不去做，却期待有一个好结果，结果没有出现，他拒不接受。还有一种态度——他要求自己把一切都做得完美，以为这样一定会有一个好结果，竟然也没有出现，他拒不接受。因为不接受，一个人受许多无谓的苦。因为不接受，一个人陷入症状，让自己卷入一场无意义的战斗，甚至"战则不止"，不惜战死在无意义的沙场上。有人不接受自己头脑里会有不好的念头，每天都在跟这些念头进行战斗，以至于他不能享受生活，不能承受做事，活得不自然，活得没意思，活不出自己来。

当辅导进入接受的领域，我们可以跟当事人探讨许多具体的方面，让他学习和建立接受的态度。我曾在一次面谈中跟一位当事人探索过这样一些问题：

（1）你能接受过去发生的那件事情（具体是什么因人而异）是不可改变的吗？

（2）你能接受有时候不管我们怎样努力，结果却不是我们所期待的吗？

（3）你能接受在生活中你有时候会快乐，有时候不会那么快乐吗？

（4）你能接受自己不完美（如某个具体的缺点）吗？

（5）你能接受"生活是艰难的"吗？

（6）你能接受有人喜欢你，有人不喜欢你吗？

（7）你能接受自己在某个方面就是不如别人吗？

（8）你能接受这个世界总有一些不稳定、不安全的因素吗？

（9）你能接受自己与别人不同吗？

（10）你能接受你在成长过程中难免会犯一些错误吗？

在享受的领域，我们尽量让自己活得快乐些，过自在的生活，做自然的孩子；在承受的领域，我们尽力而为，活出生命的价值，管好自己的生活，做自己的经理；到了接受的领域，我们发现，我们不是宇宙的总经理，需要学习在现有的条件下做事和生活，而现有的条件包括这两个本质的方面：第一，我们自身是有限的，不可能完美；第二，我们居住的这个世界不是绝对有保障的，其中有各种不测的因素。

我们必须接受，有时候，不管我们怎样努力，都不会出现期待的结果，因为结果是由许多因素决定的。我们必须接受，有许多事情我们不能做到，也不能改变，因为它们在我们的控制之外。

接受让我们活得有境界，我们需要学习接受，但接受并不是一种消极的态度，不是逃避改变的借口。尼布尔说过这样的话："我向上帝祈求一颗勇敢的心，让我去改变可以改变的；我向上帝祈求一颗平静的心，让我去接受不可以改变的；我向上帝祈求一颗智慧的心，让我去分辨什么是可以改变的，什么是不可以改变的。"

总结

"生活三受"是直面取向的辅导策略，直接针对当事人的态度。我们推崇这样的态度：处于顺境，你享受；处于逆境，你承受；处于无法改变之境，你接受。这三种态度，使我们的生命在生活的土地上深深扎根、累累结果。享受的态度，让我们的生命长出幸福、快乐、爱、热情；承受的态度，让我们的生命长出意义、价值、欣慰、责任；接受的态度，让我们的生命长出自由、境界、智慧、达观。